D1666435

#ICHMACHDASJETZT

Geschichten aus dem Alltag,
die dein Leben positiv auf den Kopf stellen

Simone Janak

Impressum

@2021 Simone Janak

1. Auflage

Autorin: Simone Janak

www.simonejanak.de

Umschlaggestaltung: Renate Schwarzmüller

Sketches: Andrea Linscheid

Lektorat, Korrektorat: Renate Kreis, Christine Lederer

ISBN Paperback: 978-3-347-27604-8

ISBN E-book: 978-3-347-27606-2

Verlag und Druck:

Tredition Gmbh

Halenreie 40-44

22359 Hamburg

Bibliografische Information der Deutschen Nationalbibliothek:

Die Deutsche Nationalbibliothek verzeichnet diese Publikation in der Deutschen Nationalbibliografie; detaillierte bibliografische Daten sind im Internet über http://dnb.d-nb.de abrufbar.

Inhalt

Persönliches Vorwort

Seit langem kam mir immer wieder der Gedanke: „Wie wäre es, wenn ich ein Buch schreibe?" Und stets waren die Antworten in etwa so: „Naja, was soll ich denn schreiben? Wen interessiert das? Wie mach ich das überhaupt?" Und schon war die Idee wieder für eine Weile vom Tisch.

Ich habe zwar früher schon Bücher geschrieben, über meine Beziehung und meine Schwangerschaft, über das erste Jahr zu dritt, über Urlaube und allerlei Erfahrungen. „Ja, ABER das waren ja nur meine eigenen Erfahrungen, das interessiert ja keinen! Für ein "echtes" Buch muss ich etwas ganz Anderes können." So waren meine Gedanken.

Auch in den letzten Monaten kamen immer wieder diese kleinen Stimmen auf, die sagten „Die, die Bücher schreiben, können das viel besser!" oder „Vergiss es, das ist nicht deins!"

Aber soll ich euch etwas verraten? Der Grund, warum ich eben doch dieses Buch schreiben kann, ist gleichzeitig die Basis des Buches: #ichmachdasjetzt.

Über viele Jahre habe ich an mir gearbeitet, mich weiterentwickelt, unzählige Coachings als Teilnehmer besucht und noch viel mehr Coachings und Beratungen als Coach mit Teilnehmern selbst durchgeführt. Und immer mehr habe ich verstanden, um wirklich etwas verändern zu können, müssen wir ins Handeln kommen und auch verstehen, warum wir es dennoch manchmal nicht tun.

Warum sollte ich also nicht genauso an diese Thematik herangehen, wenn ich an das Schreiben eines Buches denke?

- Habe ich das nötige Hintergrundwissen und genügend Erfahrungen? JA!
- Habe ich etwas Interessantes aus meiner eigenen Geschichte zu erzählen? JA!

- Habe ich unzählige Analogien und Bilder, die diese Gedanken einfach transportieren können? JA!
- Habe ich etwas zu sagen, das den Menschen hilft, ein noch besseres Leben zu führen? JA!
- Habe ich das Talent, das zu Papier zu bringen? Das wirst du entscheiden, wenn du auf den letzten Seiten bist und mir Feedback geben wirst.

Auf jeden Fall ist es jetzt Zeit, dass die "Popotreterin", dir ihre Geschichten zur Verfügung stellt, damit du dein Leben in die Hand nimmst.

Kleiner Tipp: Nimm dir Zeit für die einzelnen Kapitel und nimm dir gerne ein Notizbuch beim Lesen dazu. Du wirst dein Leben sehr zum Positiven verändern, wenn du all die Fragen und Anregungen, die ich gebe, gleich aufschreibst, für dich reflektierst und dann umsetzt.

Geschichten aus dem Alltag sprechen die klarste Sprache

Es gibt unendlich viele Ratgeber, die den Menschen zu einem glücklicheren Leben verhelfen wollen. Ich möchte dich anhand von Geschichten und Analogien zum Nachdenken anregen, denn sie sind die beste Möglichkeit, auch komplexe Themen zu verarbeiten. Noch wichtiger ist, dass du dann direkt ins Handeln kommst, denn es geht ja darum, aktiv etwas zu verändern.

Ich werde dir daher auf den nächsten Seiten Geschichten anbieten, die dir so wichtige Themen wie Glaubenssätze, Abgrenzung, Achtsamkeit, negative Gedanken, Veränderung, Entscheidungen oder das Gesetz der Anziehung auf einfache und einprägsame Weise näherbringen sollen.

Viele der Geschichten entstanden auf ähnliche Weise: Entweder ich erlebte eine Situation selbst oder mir fiel eine Analogie auf, über die ich nachdenke, und die ich dann niederschreibe.

Der Grund, dieses Buch zu schreiben, ist derselbe Grund, warum du schon während des Lesens dein Leben zum Positiven verändern wirst, langsam, Schritt für Schritt und mit Kontinuität. Du wirst beginnen Positives in dein Leben zu integrieren und immer häufiger in schwierigen Entscheidungen oder Situationen sagen: #ichmachdasjetzt!

Und genau deswegen sagte ich mir: Ich schreibe dieses Buch JETZT! Es wäre einfach Verschwendung, all diese Geschichten, Analogien und Gedanken nicht gesammelt niederzuschreiben, weil ich weiß, dass ich dadurch Menschen zu einem positiven Leben verhelfen kann. Und genau das macht mich und meine aus: Ich bewege Menschen in ein positives Leben. Für die Zukunft unserer Kinder.

Deine

Simone Janak

TEIL 1 #ichmachdasjetzt: Dranbleiben

Die guten Vorsätze und der lange Atem

Im ersten Kapitel geht es gleich um ein sehr spannendes Thema, mit dem wohl fast jeder schon einmal zu tun hatte, die guten Vorsätze. Du erfährst warum, das Dranbleiben dabei einesteils so wichtig und andernteils so schwierig ist. Schon der große Denker und Dichter Goethe wusste: „Gut ist der Vorsatz, aber die Erfüllung schwer."

Mein Motto #ichmachdasjetzt klingt sehr einfach, und das ist es auch. Wenn da nur nicht die kleine Möglichkeit wäre, es doch NICHT zu machen. Und das Gemeine an dieser Möglichkeit ist, meist ist es genauso einfach etwas nicht zu tun, wie es einfach wäre, es doch zu tun.

Nehmen wir zum Beispiel die Neujahrsvorsätze. Inzwischen hat sie vielleicht nicht mehr jeder, aber es gibt doch immer noch viele Menschen, die den ersten Tag des Jahres als Start für eine Gewohnheit nehmen, die sie ändern möchten. Sei es, ich rauche nicht mehr, ich trinke weniger oder gar keinen Alkohol mehr, ich achte besser auf meine Ernährung, ich treibe aktiv Sport, ich kümmere mich um unerledigte Aufgaben im Haus, ich mache mehr Neukunden Gespräche oder ich suche mir einen neuen Job, etc.

Und was passiert an Tag 1? Ok, die meisten sind zu diesem Zeitpunkt noch voll dabei, außer vielleicht diejenigen, die so einen Kater von der Silvesternacht haben, dass der Vorsatz "Joggen gehen" oder "Gesund ernähren" schlichtweg der Toilette zum Opfer fällt.

Wie sieht es allerdings zwei Wochen später aus? Da sind gerade noch 5% der Menschen dabei, ihre Vorsätze tatsächlich in die Tat umzusetzen. Warum ist das so? Dafür gibt es ein paar einfache Gründe:

Weil es so leicht ist, es doch nicht zu tun.

Weil das Leben kein sofortiges Feedback auf die kleinen Fortschritte gibt.

Weil der Körper dir nicht am dritten Tag „Gemüse essen" sagt, „Klasse, ich schmeiß mal schnell sechs Kilo von mir!"

Auch deine Beine wollen nach vier Tagen Training sicher keinen Marathon laufen. Bestenfalls signalisieren sie dir: „Verdammt, die zwei Kilometer von vorgestern tun immer noch weh!"

Wir bekommen also meist durch kleine Änderungen nicht sofort ein positives Feedback, und das führt schnell zu Selbstzweifeln wie: „Lohnt sich das überhaupt? Warum sollte ich? Eine Pause kann ja nicht schaden. Ein Bierchen macht den Kohl ja auch nicht fett." Und daraus entstehen dann die Ausnahmen, die schnell zu Gewohnheiten werden, und vorbei ist es mit den guten Vorsätzen.

Außerdem nehmen sich einige Menschen einfach schlichtweg zu viel vor. Wer noch nie in seinem Leben beim Joggen war und sich als Vorsatz nimmt: „Anfang Februar möchte ich einen Halbmarathon laufen", der mag auf der einen Seite vielleicht sehr ambitioniert sein, aber in den meisten Fällen leider nur kurzsichtig.

Wenn jemand am Tag 5, also nur noch 25 Tage vor dem Marathontermin, feststellt, dass er trotz täglichen Trainings die 4 Kilometer Grenze noch nicht einmal überschritten hat, wie groß ist dann die Wahrscheinlichkeit, dass dieser Jemand weitermacht? Sehr gering, oder?

Wenn derjenige sich jedoch das Ziel gesetzt hätte, erst ein Jahr später den Marathon zu laufen, dann könnte er auf seine bereits erreichten 3 km sehr stolz sein und beginnen auf ein nächstes Zwischenziel, z.B. auf die 10 km im Mai, hinzuarbeiten.

Auch wenn wir das allseits beliebte Abnehm-Thema anschauen: Wer wird wohl weiter dranbleiben? Derjenige, dessen Vorsatz es ist, möglichst schnell 40 Kilo abzunehmen, indem er im Januar mit dem Walken beginnt, zudem im Fitness Studio am Start ist, keinen Alkohol mehr trinkt und radikal auf HighCarb, LowCarb, Metabolic, Paleo, vegane Ernährung oder sonst irgendeine Ernährungsform umstellt?

Oder derjenige, der sich das Ziel setzt, in einem Jahr 25 Kilo abzunehmen, es aber langsam angeht, Bewegung und gesunde Ernährung in seinen Alltag zu integrieren und sich vielleicht dabei noch Unterstützung holt? Ich denke die Antwort ist klar.

Was wir hier in diesem Punkt sehen, ist das zu frühe Aufgeben vor dem Erreichen des Ziels. Und wann passiert das? Meistens dann, wenn wir den Eindruck haben, das gewünschte Ziel nicht schaffen zu können. Oder wenn wir frustriert sind, dass nicht sofort ein Ergebnis sichtbar ist. Wenn wir kein direktes Feedback bekommen, wird der Nutzen des Ganzen immer weniger in unser kurzfristiges Denken passen.

Warum aber lohnt sich das "Dranzubleiben"? Weil unser Menschenverstand uns EIGENTLICH sagt, dass Ergebnisse eben erst nach einer gewissen Zeit kommen, dass sich Gewohnheiten nicht von heute auf morgen ändern lassen, ebenso wenig wie der Körper oder der Geisteszustand. Eigentlich ist übrigens ein Wort, bei dem es sich immer lohnt, es zu hinterfragen, da wir es meist nutzen, um ein Vorhaben zu vereiteln.

Chinesisch lerne ich nicht an einem Tag, Klavierspielen oder Schwimmen auch nicht.

Es ist alles immer eine Frage der Übung und des "Dranbleibens". Ist es also logisch, dass wir nicht zu früh aufgeben dürfen? Ist es logisch, dass wir uns nicht alles auf einmal vornehmen? Ist es logisch, dass wir nicht sofort Ergebnisse erwarten? Genau, es IST so logisch, und dennoch scheitern permanent 95% aller Menschen aus einem dieser Gründe!

Hier eine Geschichte, die mich immer wieder begleitet hat und die wunderbar dazu passt. Sie handelt von zwei Fröschen, die auf einem Bauernhof einen großen Eimer sahen. Da sie sehr neugierig waren, was wohl in dem Eimer sei, sprangen sie mit einem großen Satz hinein. Es stellte sich jedoch leider heraus, dass das keine so gute Idee gewesen war, denn der Eimer war halb gefüllt mit Milch. Da schwammen die Frösche nun in der Milch und konnten nicht mehr herausspringen, da die Wände zu hoch und zu glatt waren. Der Tod schien ihnen sicher.

Einer der beiden Frösche war schnell verzweifelt: „Wir müssen sterben", jammerte er, „nie wieder werden wir hier herauskommen." Da alles ja doch keinen Sinn mehr hatte, hörte er mit dem Schwimmen auf und ertrank alsbald in der Milch. Der andere Frosch aber sagte sich: „Ich gebe zu, die Sache sieht nicht gut aus. Aber aufgeben werde ich deshalb noch lange nicht. Ich bin ein guter Schwimmer! Ich schwimme, solange ich kann." Und so stieß der Frosch kräftig mit seinen Hinterbeinen und schwamm im Eimer herum. Er schwamm und schwamm und schwamm.

Wenn er müde wurde, munterte er sich selbst immer wieder auf und kämpfte tapfer weiter.

Irgendwann spürte er unter seinen Füßen einen Widerstand. Ja tatsächlich, da war keine Milch mehr unter ihm, sondern etwas Festes. Durch das unermüdliche Treten hatte er die Milch zu Butter geschlagen und konnte nun leicht in die Freiheit springen. *(Fabel nach Aesop)*

Was genau hatte der erste Frosch also getan? Er gab auf, weil es ihm nicht im Geringsten möglich erschien, etwas Sinnvolles erreichen zu können. Er bekam kein Feedback auf sein Treten, nichts änderte sich, also resignierte er.

Der andere Frosch bekam zwar ebenso wenig Feedback, aber er wollte alles geben, um aus seiner misslichen Lage herauszukommen. Das war sein Ziel, und er vertraute einfach darauf, dass er es schaffen würde. Schließlich wurde die Milch immer dicker und dicker, und so hatte es sich für ihn letztlich gelohnt, weiterzumachen. Mit vielen kleinen Bewegungen kam er schließlich an sein Ziel und konnte sich befreien.

Was wird dieser Frosch also für seine Zukunft lernen? Er weiß nun, dass er dranbleiben und sich nicht aufgeben wird. Auf diese Weise wird er auch weiterhin seinen Weg gehen, egal welches Hindernis sich vor ihm aufbauen wird.

Und genau so ist es bei vielen anderen Dingen:

- Können wir das Gras schneller wachsen lassen, indem wir daran ziehen?
- Ist der Grand Canyon mit all seinen Schluchten in nur einem Jahr entstanden, einfach so?
- Wird ein Baby innerhalb eines Jahres 1,70m groß werden, wenn wir ihm nur genug zu essen geben?
- Wurde das wunderbare, viel zitierte Rom wirklich in einem Tag gebaut?

Natürlich ist uns das völlig klar, und wir wissen, dass alles seine Zeit braucht. Zeit zu reifen, Zeit zu wachsen, und vor allem Zeit, jeden Tag ein kleines Schrittchen weiterzukommen. Wie kommt es dann, dass wir zwar in unserem eigenen Leben einerseits immer jahrelang warten, bis wir endlich eine Entscheidung treffen, dann aber die gewünschten Veränderungen am besten sofort passieren sollten?

Wir haben oft einschneidende Erlebnisse, die uns in Handeln kommen lassen. Das können schlimme Krankheiten, Todesfälle, schmerzhafte Trennungen und vieles mehr sein. Aber auch positive Momente, wie die Geburt eines Kindes, eine Heirat oder die Gesundung eines lieben Menschen, können Auslöser sein. Und es ist völlig ok, dass diese Ereignisse uns wachrütteln. Wenn nicht in so einem Moment, wann dann?

Es gibt auch die "selbst auferlegten" besonderen Termine, wie beispielsweise der schon erwähnte Jahresbeginn, der 40. Geburtstag oder der Anfang der Rente. Alles das sind absolut legitime Ansatzpunkte, doch eines bleibt für mich ein Fakt: Wer den Anfangsschub für eine wirkliche Veränderung von alten Gewohnheiten nicht weiter ausdehnt, der wird nach ein paar Wochen, ein paar Monaten, vielleicht auch erst nach ein paar Jahren, wieder am selben Punkt sitzen.

Der schnelle, erste Motivationsschub ist wunderbar, und hilft uns, endlich "in die Hufe zu kommen", aber ohne die Konsequenz, auch weiterzumachen, wenn es schwieriger wird, wenn der Schmerz nicht mehr so stark ist, wenn der sogenannte Leidensdruck vielleicht weniger groß ist, ohne diese Konsequenz wird es keine langfristigen positiven Ergebnisse geben.

Dann beginnen wir uns selbst Geschichten zu erzählen, die mit den Worten beginnen: „So schlecht ist es ja eigentlich gar nicht", „Wenn XY noch wäre, dann würde ich...", „Jetzt ist es gerade ungünstig, aber ich könnte ja nächstes Jahr mal...", ... und schon ist der erste Elan vorbei, die alten Strukturen haben dich wieder eingefangen, und du machst so weiter, wie du es schon immer gemacht hast.

Der Wachhund

Hast du auch einen? Nicht? Vielleicht ist er dir unter dem anderen Namen "innerer Schweinehund" bekannt? In diesem Kapitel schauen wir ihn etwas genauer an, egal, ob er nun Schweine- oder Wachhund genannt wird. Du erfährst, was er mit deinen guten Vorsätzen zu tun hat, und wie du am besten mit ihm umgehst. Was kannst du von ihm lernen, und warum ist er trotz allem dein Freund?

Ja, warum ist das so? Warum klappen die meisten Vorsätze nicht? Wenn du das erste Kapitel genau gelesen hast, kannst du die Fragen vielleicht schon beantworten.

Es geht gar nicht nur um das neue Jahr. Letztendlich fällt dieses Phänomen immer auf, wenn du versuchst, deine Gewohnheiten zu ändern. Das gilt in allen Bereichen, sei es bei der Ernährung oder beim Sport, dem Konsum von Alkohol, Nikotin, Internet oder Fernsehen oder um persönliche Bedürfnisse wie Achtsamkeit, sich nicht mehr provozieren zu lassen, mehr bei sich zu sein oder öfter nein zu sagen. Und zwar weil der Schweinehund am Werk ist!

Die meisten sprechen negativ über ihn, denn schon das Wort Schweinehund ist negativ behaftet. Wir können dazu auch sagen: Unsere alten Strukturen, unsere alten Muster oder der innere Kritiker. Wichtig ist, zu erkennen, dass der Schweinehund ein Teil von uns ist. Es gibt keinen Grund, ihn zu bekämpfen. Im Gegenteil, denn wenn wir unseren Schweinehund bekämpfen, bekämpfen wir uns selbst.

Der Schweinehund, ich nenne ihn in meinen Coachings immer, den Wachhund, ist nichts anderes als eine Schutzfunktion unseres Verstandes und unseres Egos, die uns hilft, in der Komfortzone zu bleiben. Denn früher (wenn wir ganz weit in der Geschichte der Menschheit zurückgehen) war es unglaublich wichtig, immer alles "abzusichern" und am besten daran auch nichts zu verändern.

Heute wissen wir, dass Veränderung wichtig für uns ist, dass Bewegung Wachstum ist, und dass Pflanzen sterben, wenn sie nicht wachsen. Das macht auch Angst, und in dem Moment kommt der Wachhund ins Spiel. Er hält uns in unseren gewöhnten Gefilden und verhindert, dass wir zu viel verändern. Er möchte immer im komfortablen Bereich bleiben, und das macht er sehr erfolgreich. Dabei erscheint er in verschiedenen Verkleidungen, so dass wir es oft gar nicht merken.

Ist das nun schlecht? Nein, es ist nicht schlecht, das IST einfach, wie es ist. In vielen Fällen hat uns dieser Wachhund auch schon sehr gute Dienste geleistet. Er ist ein Teil dessen, was wir heute sind. Allerdings gibt es gewisse Handlungsweisen, die nicht mehr gut dazu passen, wenn wir eine Veränderung herbeiführen wollen. Die nicht mehr stimmig sind, wenn wir aus unserer Komfortzone herauskommen, etwas Neues erleben und andere Gewohnheiten etablieren wollen.

Genau dann ist es essenziell, dass wir nicht gegen ihn kämpfen, sondern ihn anerkennen. Dass wir verstehen, warum er jetzt reagiert, und was er uns sagen möchte. Ich darf ihm zuhören und dann bewusst entscheiden, trotzdem weiterzumachen. Von deinem Schweinehund kannst du so viel lernen. Du kannst erkennen:

- was dir beigebracht wurde von der Familie, von Lehrern oder anderen Menschen.
- was deine Großeltern und die Geschichte deiner Familie mit dir zu tun haben
- welche Strukturen und Muster du hast. Manche sind ähnlich wie die anderer Menschen, andere wiederum sind komplett individuell.
- was dein tiefes Bedürfnis ist. Ist es der Wunsch nach Bedeutung, nach Anerkennung, nach Sicherheit oder nach Kontrolle?

Was auch immer es ist, dein Wachhund kann dir den Weg zeigen. Daher ist es also nicht das Ziel, ihn bekämpfen, sondern das Ziel ist es, ihn zu deinem Freund zu machen, denn genau das ist er.

Du darfst ihm zuhören, wenn er sich meldet. Dann kannst du bewusst entscheiden, ob du das für wahr annimmst, was er sagt, oder ob du es als nicht relevante Geschichte der Vergangenheit entlarvst und entsprechend handelst.

Wenn es dir aber gar nicht bewusst ist, dass es diesen Wachhund gibt, und warum er so handelt, dann wirst du immer wieder in dieselbe Falle tappen. Sie und gleichzeitig die Chance kann erklärt werden als "Denken, Machen, Fühlen".

Wenn ich davon ausgehe, dass ich nach einer gelungenen Diät von zwei Wochen, nach weiteren zwei Wochen wieder in alte Muster falle, dann ist die Wahrscheinlichkeit sehr groß, dass genau dies passiert. Ich bestätige meine Gedanken, indem ich genauso handele und dann natürlich genau das erwartete Ergebnis bekomme. Das wird zu einem dauerhaften Spiralverlauf nach unten und führt zu Frust, Angst und Schuldgefühlen.

Diese Spirale kann aber auch aufwärts gehen, denn „Denken - Machen - Fühlen" funktioniert auch im positiven Sinn. „Ich weiß es jetzt besser, denn ich habe gelernt, wie ich mich gesund ernähre, und deswegen werde ich nicht in alte Muster zurückfallen. Sie sind Teile der Vergangenheit. Jetzt weiß ich, wie ich es anders und besser machen kann und bin zuversichtlich, dass das auch klappt."

Wir möchten immer unsere eigenen Gedanken bestätigen. Um sie zu untermauern, wirst du anders handeln, und das Ergebnis wird positiv sein.

Hier sind meine drei Tipps, um den Schweinehund zu deinem besten Freund zu machen:

- Erkenne an, dass dein Schweinehund nichts Böses ist.
  Du darfst ihm zuhören, um dich besser zu verstehen

und dann bewusst zu entscheiden, was du wirklich möchtest.

- Denken - Machen - Fühlen: Achte auf deine Gedanken. Es gibt keinen Grund, dass irgendetwas eintritt, nur weil es immer schon so war. Du darfst den Gedanken frei wählen, dass du es verändern kannst. Dann wird es auch passieren.
- Hol dir Unterstützung! Werde Teil einer Gruppe, nimm dir jemanden an die Seite, von dem du weißt, dass derjenige gut motivieren und dir eventuell fehlende Informationen geben kann. Dieser Partner kann dir in wichtigen Phasen zur Seite stehen, falls du doch noch an dir zweifelst.

Unserer Wachhund hat eine wichtige Funktion: Er schützt uns. Er schützt uns vor zu viel Änderung und lässt uns die „Kontrolle" behalten. Er lässt uns sicher fühlen, unterstützt private wie berufliche Kontinuität und hilft uns so zu Anerkennung.

Woher weiß ich, dass das funktioniert? Weil ich es täglich in meinen Coachings erlebe. Meine Teilnehmerinnen bezeichnen mich als "Hartnäckige Popo-Treterin mit dem Herz am rechten Fleck". Und das stimmt! – Ich motiviere auf hartnäckige, direkte und sehr menschliche Art.

Mir liegt es am Herzen, dass du einen zeitnahen Zugang zu deiner Zuversicht und Selbstwirksamkeit bekommst nach dem Motto #ichmachdasjetzt, und dass du dies langfristig in deinem Leben in allen Lebensbereichen und im Einklang mit deinen Bedürfnissen verändern kannst.

Ein Ausflug in die Kohärenz und das Konzept Denken Machen Fühlen!

Warum fall ich immer wieder in alte Gewohnheiten?

Eine wichtige Rolle spielt dabei das Gehirn. Das Gehirn sucht Kohärenz und findet sie in alten Gedanken.

Das Gehirn sucht Kohärenz, um Energie zu sparen. Wo findet das Gehirn Kohärenz? In gewohnten Gedanken. Dabei ist es irrelevant, ob die Gedanken gesund (ich bin wertvoll, zuversichtlich und stark) oder komplett sabotierend sind (ich schaff das eh nicht, ich bin nicht gut genug, ich werde immer versagen, ich brauch Süßigkeiten, usw.). Weil also das Gehirn in einer Situation im JETZT, die herausfordernd ist, eine möglichst kohärente Lösung sucht, gelangt es sehr schnell in gewohnte Pfade, denn auch wenn diese ungesund sind, so kennt das Gehirn sie und empfindet sie deswegen als kohärent.

Wenn wir dann erstmal im Denken (ich schaff das eh nicht) drin sind, dann werden wir immer eine Bestätigung finden, in dem wir uns auch so verhalten (machen) und somit auch die Ergebnisse und das dazu gehörige Gefühl bekommen (fühlen). Dies nicht unterbrochen führt zu einer Abwärtsspirale.

Wir wissen, dass die Spirale auch andersrum funktioniert, das heißt wir dürfen üben, das Kohärenz Bedürfnis des Gehirns nicht so ernst zu nehmen, dass ALLES recht ist, um Kohärenz zu schaffen, denn wir können durch unsere neuen Gewohnheiten immer mehr Kohärenz schaffen (die kleinen, neuen Erfolge schaffen Kohärenz).

Dabei darfst du nie vergessen, die Energie folgt deiner Aufmerksamkeit. Wenn du also deinen alten Gedankenmustern folgst, dann setzt du darauf deine Aufmerksamkeit, und somit folgt dir deine Energie. „Where focus goes energy flows". Also besser die Energie auf gesunde Gewohnheiten legen!

Das heißt, das wichtigste Element sind deine kleinen Gewohnheiten – beginnend mit deinen Gedanken. Sie entscheiden über dein Leben in der Kohärenz der Vergangenheit oder der Kreation einer neuen Kohärenz.

Hier nochmal der Ablauf von "Denken Machen Fühlen":

Du hast ein Bild von dir in deinem Kopf.

Du denkst diesen Gedanken – **DENKEN**

Du sprichst diesen Gedanken aus.

Du verhältst dich danach – **MACHEN**

Du bekommst das erwartete Ergebnis.

Du fühlst die Bestätigung – **FÜHLEN**

Du hast ein Bild von dir in deinem Kopf.... das wird zu deinem **GLAUBEN** über dich und alles geht immer mehr auf Autopilot und beginnt von vorne.

Was brauchen wir also? Einen neuen Auto-piloten! Und deswegen ist es sinnvoll, die Gewohnheiten immer wieder zu prüfen und zu verändern. Dazu machen wir kleine Schritte.

Suche dir immer erst EINE Gewohnheit, die du in deinem Leben haben möchtest, Beispiele:

- täglich 10 Seiten lesen
- Meditieren
- keine Süßigkeiten essen
- 15 Minuten Sport
- Spazieren gehen
- bewusst atmen
- Dankbarkeitstagebuch schreiben
- einen Neukunden anrufen
- Pausen machen etc.

Nimm dir Zeit dafür und verbinde die Gewohnheit immer an eine andere Tat, zum Beispiel direkt nach dem Aufstehen, immer nach dem Mittagessen, beim Zähneputzen. Das stärkt und normalisiert die Gewohnheit!Mach das mindestens 21 Tage (erster Umgewöhnungseffekt) und dann auch weiter. Und dann siehst du im nächsten Abschnitt auch gleich, was das mit deiner Frisur zu tun hat.

Der neue Haarschnitt

Die guten Vorsätze, mit denen wir uns in den vergangenen Kapiteln bereits befasst haben, zielen in den meisten Fällen auf eine Veränderung des Lebens in eine positive Richtung ab. In diesem Kapitel erfährst du, dass Veränderung mehr ist als nur ein neuer Haarschnitt. Dazu gebe ich dir Tipps, wie du auf einfache Weise Veränderungen in deinem Alltag erreichen kannst.

Kennt ihr das von euch selbst oder aus eurem Bekanntenkreis? Was passiert bei vielen Frauen, wenn eine Veränderung ansteht, wie zum Beispiel eine Trennung, ein Umzug oder eine Diät? Richtig, sie gehen zum Friseur. Du glaubst mir nicht? Im Ernst, die Statistiken besagen, dass sich die Hälfte aller Frauen in oder nach einer Trennung eine neue Frisur zulegt. Ich verbrachte viele Jahre in der Friseur-Branche, und was soll ich sagen, ich bin überzeugt davon, dass das stimmt.

Es fühlt sich doch auch gut an, dieses Gefühl kurzfristig "jemand anderer" zu sein. Ein neuer Look, ein neues Gefühl, ein neues Leben, ist doch ganz einfach. Nun, das mag definitiv in einer solchen Lebensphase der Fall sein, und auch ich habe meine kurzen Haare eher in einer Umbruchsituation meiner Friseurin gegenüber "durchgesetzt".

Aber wie ist das wirklich mit diesen Veränderungen? Sind sie beständig? Ich konnte die Erfahrung machen, dass die Frisur relativ schnell wieder aussieht wie vorher, ok vielleicht ein bisschen blonder, roter, brauner und kürzer, aber der Gesamtlook ändert sich nur selten. Warum ist das so? Weil wir so sind, wie wir eben sind. Und genau das höre ich auch sehr oft in meinen Coachings, mit einem Satz wie „Ich bin halt …" ist schnell die Ausrede manifestiert, um nichts ändern zu müssen.

Klingt das gemein? Vielleicht, aber Veränderung ist nun mal mehr als nur ein Haarschnitt. Sie beginnt im Alltag, mit den kleinen Entscheidungen, die du jeden Tag triffst. Denn deine Gewohnheiten formen deine Taten, und deine Taten formen dein Leben.

Hier nun meine Tipps, wie du erste kleine Veränderungen in deinem Alltag schaffst, jenseits der Haarpracht auf deinem Kopf:

- Beginne deinen Tag positiv und erschaffe dir eine kleine Morgenroutine, die dir Kraft gibt. Nein, die To-do-Liste des Tages, ein Espresso und eine Zigarette gehören nicht dazu. Der Morgen legt die Basis für den Tag. Wenn du beim Klingeln deines Weckers die Snooze Taste drückst beginnst du bereits den Morgen "in alten Mustern".
- Schon eher: Eine Minute Achtsamkeitsübungen, eine Minute Bewegung, ein gesundes Frühstück. Mehr nicht, denn das reicht schon aus für den Anfang. Die Fortgeschrittenen können die Routine natürlich immer weiter ausdehnen.
- Es gibt Menschen, die inklusive Meditation, Visualisierungen, Sport und Dankbarkeiten eine Morgenroutine von bis zu zwei Stunden machen. Natürlich wird nicht jeder dazu die Zeit haben, und das ist auch völlig in Ordnung. Die Hauptsache aber ist, du sagst dir #ichmachdasjetzt. Mehr dazu erfährst du im Kapitel 5.
- Lächele dich an, wann immer du an einem Spiegel vorbeikommst. Das macht nicht nur positive Laune, du verbrennst dabei sogar noch Kalorien. Denn bei jedem Lachen bewegst du etwa 400 Muskeln.
- Halte auch einmal inne, wenn du draußen bist. Betrachte die Natur, höre die Vögel zwitschern, atme tief durch. Warum hat das etwas mit Veränderung zu tun? Weil du dir viel mehr bewusst wirst, was in der Natur, in der Welt wahrzunehmen ist. Je mehr du dir das wahrnimmst, desto mehr beginnst du auch, dich selbst wahrzunehmen und zu achten.

Auf die Plätze! Fertig! Los!

In diesem Kapitel geht um Menschen, die in den Startlöchern stehen und es aber trotzdem nicht schaffen ins Handeln zu kommen. Du bekommst Tipps, um nicht dort zu verharren, sondern direkt ins Machen zu kommen. Du erfährst die Bedeutung des ersten kleinen Schrittes aus deiner Startposition heraus.

Könnt ihr euch vielleicht noch daran erinnern, wie es früher bei den Bundesjugendspielen war, im Leichtathletik Verein oder einfach nur draußen mit Freunden? Jeder kennt das, wenn einer sagte: „Lasst uns ein Wettrennen machen!": Und egal, ob professioneller Wettkampf oder einfach nur ein Lauf bis zur nächsten Laterne, der Start war eigentlich oft gleich.

Man bereitete sich an der Startlinie vor, und die Gegner wurden nervös beäugt. Dann kam das Kommando: „Auf die Plätze!" Also schob man an der Starlinie das eine Bein nach vorne, ging hinunter in die Knie auf die Startposition.

Fertig! Der Popo schob sich in die Höhe, die Schultern wurden nach vorne gebeugt, und der Blick war auf die Ziellinie gerichtet. Dann kam der Startschuss, der Pfiff oder einfach nur der Ruf!

LOS! START! Wie wild mit voller Kraft!

Kannst du dich erinnern, welches der Moment der größten Anspannung war?

Ich denke, das weißt du genau. Ich fühle die Anspannung und das Adrenalin noch heute richtig in mir. Es war der Moment, in dem der Po in die Höhe ging, und das Wort "Fertig!" erklang. Das war der Augenblick der vollsten Konzentration, der höchsten Anspannung, und der ganze Körper kribbelte durch die Adrenalinausschüttung. Und genau diese Anspannung, wie bei einer Gummileine, die du in die Länge ziehst, sorgt dafür, dass du eine unglaubliche Energie hast und sie in Bewegung umsetzen kannst. Ohne diese Anspannung wärst du nur halb so leistungsfähig.

Doch was passiert, wenn du in diesem Moment nicht losrennst, wenn du in der Position verharrst, mit all dieser Anspannung in dir? Du denkst jetzt vielleicht: „Das macht doch keiner"! In diesem Beispiel vielleicht nicht, weil es zu unlogisch erscheint, dass jemand wirklich an der Startlinie stehen bleibt, im echten Leben jedoch, im Alltag, passiert dies jeden Tag und viel häufiger als du denkst.

Nein, der Alltag ist kein Wettkampf, und trotzdem übertragen wir diese Metapher jetzt einmal auf das Leben. Es gibt unglaublich viele Menschen, die an der Startlinie verharren, die voller Anspannung sind und einfach loslaufen könnten, aber es nicht tun. Sie wissen, dass sie einige kleine Änderungen in ihrem Leben vornehmen sollten, weil es gut für sie wäre, aber sie tun es nicht. Warum?

Die Hauptgründe dafür sind:

- Sie sind sich nicht bewusst, wie angespannt sie tatsächlich in den Startlöchern stehen und können sich gar nicht vorstellen, dass es tatsächlich ein Loslaufen gibt.
- Sie merken vielleicht, dass sie unbedingt etwas ändern sollten, und dass Körper und Seele dies auch möchten, aber sie wissen nicht wie.
- Sie sind bereits daran gewöhnt, immer in Anspannung zu sein.
- Sie haben Angst, die Komfortzone der Startlinie zu verlassen, weil sie nicht wissen, was kommt oder was andere dazu sagen könnten. Sie könnten ja „scheitern oder versagen".

Und wie ist bei dir? Gehörst du auch manchmal zu diesen Menschen?

Gerade wir Frauen sind jeden Tag nahezu rund um die Uhr in Action. Zwischen Job, Kindern, Verpflichtungen und anderen Aktivitäten sind wir eigentlich in Dauer-Anspannung und immer "auf dem Sprung".

Dabei wäre es wichtig, öfters innezuhalten, zu schauen, was gute nächste Schritte wären, die wichtig für MICH als Frau sind, und nicht nur für alle anderen. Nur wenn wir selbst mit uns im Einklang sind, können wir wirklich für andere da sein. Diese Anspannung, immer in der Startposition zu verharren, ist unglaublich anstrengend für Körper und Geist.

- Es ist Zeit, loszurennen!
- Es ist Zeit, Dinge zu ändern und Gewohnheiten zu finden, die dir guttun.
- Es ist Zeit, dir deiner Bedürfnisse bewusst zu werden und für sie einzustehen.

Deswegen meine drei Tipps für dich:

- **#ichmachdasjetzt 1:**

Nimm dir heute fünf Minuten Zeit, in der Natur, an der frischen Luft oder einfach nur am Fenster und atme zehnmal tief in den Bauch ein. Frage dich dabei: Was wäre das Wichtigste für mich und meinen Körper, damit ich mich wohler fühlen kann?

Das kann im Bereich der Bewegung, der Ernährung oder der Entspannung sein. Vielleicht geht es auch um ein wichtiges Gespräch mit dem Chef, dem Ehepartner oder den Kindern. Oder du hast eine lang aufgeschobene Aufgabe, die dich stets belastet wie beispielsweise die Finanzplanung, dich im Chor anzumelden oder einen Brief an eine Freundin zu schreiben. Du kannst dazu auch gerne das Kapitel "Die alten Schleifen" lesen.

- **#ichmachdasjetzt 2:**

Schreibe auf, welche Handlung du direkt heute machen kannst, um dies umzusetzen und fixiere es auch genau mit einer Uhrzeit.

Das kann beispielsweise ein Anruf sein, um einen Termin oder eine Verabredung zu vereinbaren. Vielleicht ist es auch ein erster Spaziergang, der Start eines Workout Plans, der Vorsatz auf Zucker zu verzichten oder eine Meditations-App herunter-zuladen und vieles mehr.

- **#ichmachdasjetzt 3:**

Du gehst deinen ersten Schritt noch heute! Du hältst deine "Verabredung" mit dir selbst ein und erledigst die erste kleine Tat. Auch wenn sie dir komisch vorkommt und wie ein Tropfen auf den heißen Stein erscheint. Es sind die kleinen Dinge, die jedoch in ihrer Summe einen Unterschied bedeuten.

Du machst den ersten Schritt aus deiner Startposition heraus und gehst auf die Laufbahn deines Lebens. Jede Reise, auch die längste, hat doch noch immer mit dem ersten Schritt begonnen, oder?

Mir ist wichtig, dass du aus diesem Kapitel vor allem eines mitnimmst: Werde dir dieser immensen Anspannung des "Nichts- Änderns" bewusst und wähle deinen ersten kleinen Schritt für dein körperliches und seelisches Wohlgefühl.

Die Absicht öffnet die Tür zum Erfolg

„Glück möchte dort eintreten,
wo man auch bereit ist, die Tür zu öffnen.
Durch ein verschlossenes Tor ha
es noch niemand geschafft."
(Esragül Schönast)

In diesem Kapitel erfährst du, wie sich für dich nur auf Grund deiner Einstellung Türen öffnen können, und wieder einmal, dass Veränderung stets in kleinen Schritten beginnt. Und natürlich geht es auch wieder um #ichmachdasjetzt.

Du kennst doch sicherlich auch Zitate zum Thema "Türen, die sich öffnen" oder?

„Wahrheit ist, keine Angst zu haben. Ängste schließen Türen.
Die Freiheit öffnet sie.
Und wenn die Freiheit klein ist,
öffnet sie immerhin ein Fensterchen."
(Franziskus)

Oder der bekannte Satz:

„Es öffnet sich immer wieder eine neue Tür,
wenn sich eine andere schließt."
„Wenn sich eine Tür schließt, sollte man auch
nicht durchs Schlüsselloch schauen."

Ich nutze diese Zitate immer wieder, aber gerade, wenn ich Vergleiche wiederholt verwende, beginne ich auch damit, sie zu hinterfragen. Also schauen wir uns doch einmal die Türen etwas genauer an. Wenn ich eine Türe sehe, mache ich sie auf? Gehe ich hindurch?

Eine kurze Geschichte, die ich vor einiger Zeit im Zug erlebte, passt hier perfekt dazu. Ich nutze beim Bahnfahren immer das Bord Bistro, denn dort kann ich nicht nur wunderbar arbeiten, sondern habe auch viel Platz. Dieses Mal saß ich direkt neben der automatischen Türe, die zur ersten Klasse führte. Sie war defekt, so dass jeder, der hindurch wollte, erst manuell den Knopf etwas fester drücken musste, um sie zu öffnen. Es war sehr interessant, die unterschiedlichen Herangehensweisen der Fahrgäste zu beobachten.

Es gab diejenigen, für die das absolut nicht schwierig war: „Aha, Türe geht nicht automatisch auf. Wo ist denn der Knopf?" Knopf wurde gedrückt, durchgegangen, fertig.

Es gab Menschen, die wunderten sich zuerst nur und fluchten dann: „Wieso geht die Tür denn nicht auf, das kann es ja wohl nicht sein!" Unter lautem Gezeter wählten sie dann aber auch die Vorgehensweise der ersten Gruppe.

Andere wiederum schauten sich fragend um, woraufhin ich für sie den Knopf etwas fester drückte, und sie zogen glücklich von dannen. Dann gab es noch zwei ganz besondere Menschen, die sich völlig identisch verhielten, was ich äußerst bemerkenswert fand:

Ein Mann kam an die Tür und stellte fest, dass sie sich nicht öffnete. Daraufhin drückte er leicht auf den Knopf, aber nichts passierte. Und was machte er? Er drehte sich um und ging wieder weg. Und zwar nicht zum Kellner, um zu fragen, sondern ganz weg aus dem Wagon. Das fand ich spannend, und wenn ich in dem Moment damit gerechnet hätte, dann hätte ich ihn danach gefragt warum.

Diese Möglichkeit ergab sich aber eine Stunde später. Eine Frau kam an die Tür und zeigte ein identisches Verhalten. Es funktionierte nicht, sie drehte sich um und wollte gehen. Jetzt hatte ich die Chance sie zu fragen. Ich hielt sie auf und sagte höflich: „Warum gehen Sie denn jetzt wieder? Weil die Tür nicht aufgeht"? „Ja genau!" „Warum versuchen Sie es nicht noch einmal oder fragen jemanden?" Und die Antwort war: „Das ist doch die Tür zur 1. Klasse ist, da darf man bestimmt nicht hinein." Ich bin selten sprachlos, aber in dem Moment war ich es. Ich öffnete für sie die Tür, wünschte einen wunderschönen Tag und vertiefte mich wieder in mein Buch. Sie ging übrigens nicht hindurch.

Warum erzähle ich diese Geschichte? Weil ich denke, dass sie einiges über Ängste und Einstellungen aussagt. Die Frau am Schluss sah sich mit derselben Herausforderung konfrontiert wie alle anderen, und dennoch interpretierte sie die Situation völlig anders.

Ist dies schlecht? Natürlich nicht, es ist nur dann schlecht, wenn sie dadurch nicht dort hinkommt, wo sie eigentlich hinmöchte. Es ist ein bisschen wie die Sache mit dem doppelten Eis am Abend. Ist das schlecht? Nein, an und für sich ist es ja ein Genuss, wenn ich aber gerade 20 Kilo abnehmen möchte, dann könnte es nicht zielführend sein.

Es hängt also immer auch ein wenig davon ab, was in dem Moment meine Absicht, mein Ziel ist. Wenn ich davon ausgehe, dass die Frau wirklich auf die andere Seite der Türe musste, weil z.B. dieser Zugteil nach der nächsten Haltestelle nach Zagreb weiterfuhr, sie aber nach Villach wollte, dann stellt sich die Frage, ob ihre Interpretation der verschlossenen Tür ihr half oder sie behinderte?

Wäre es nicht an der Zeit, in so einem Moment die eigenen Gedanken zu hinterfragen, zu überprüfen, ob sie sinnvoll sind? Häufig nehmen wir uns im Alltag genau diese Zeit nicht. Wir funktionieren in unseren Handlungen, ohne sie zu hinterfragen. Ist diese Handlung gerade richtig, sinnvoll oder wichtig? Hilft sie uns an unser Ziel zu kommen? Oder handeln wir einfach nur, weil es "immer schon so war"? Bei der Geschichte mit der Türe war es sehr offensichtlich, aber genau solche Entscheidungen, die oft unlogisch sind, treffen wir jeden Tag in unserem Alltag. Andere Namen dafür sind Strukturen, Gewohnheiten, Programme. Alles sind Dinge, die wir einfach tun, ohne sie in Frage zu stellen.

Sind Gewohnheiten gut? Natürlich, Händewaschen, Anschnallen im Auto, Zähneputzen, etc. all das sind wunderbare Gewohnheiten. Wie sieht es aber mit dem Nachmittagskuchen aus? Mit der Tüte Gummibärchen auf dem Sofa am Abend, der Zigarette danach, mit dem "einen" Glas Wein zum Essen, dem Arbeitsweg mit dem Auto, ... Ich könnte noch lange so weiter aufzählen.

Nicht jede Gewohnheit hilft uns in unserem Jetzt, das Leben zu leben, das wir eigentlich möchten. Deswegen würde ich mir wünschen, dass wir uns mehr hinterfragen, bevor wir handeln oder einfach nur funktionieren.

Und jetzt kommen auch wieder die Türen ins Spiel. Wenn wir eine Tür schließen, dann öffnen sich meistens viele andere. Wenn wir zum Beispiel entscheiden, uns gesünder zu ernähren, dann passiert es häufig im Laufe der Monate, dass wir uns auch mehr bewegen, mehr auf unsere Gesundheit achten, eventuell mit dem Rauchen aufhören oder beginnen Atemübungen zu machen. Und schon sind viele neue Türen aufgetaucht, durch die wir gehen können.

Ist es immer einfach eine Tür zu schließen? Natürlich nicht, denn wir sind es ja gewohnt, mit ihr zu leben. Außerdem wissen wir weder genau, ob sich wirklich eine neue Tür öffnet, noch wissen wir, was hinter dieser neuen Tür stecken könnte.

Und macht das manchmal Angst? Klar! Und darum drehen viele um und denken: „Besser doch nicht… oder lieber erst morgen". Aber der Gegenspieler zur Angst ist der Mut, einfach ins Handeln zu kommen, und siehe da, die neue Tür ist sogar eine riesige Chance.

Also sag dir ruhig öfter einmal: "Ich mach das jetzt! Ich schließe eine Tür, die mir nicht mehr guttut. Ich schaue, welche neue Tür sich für mich öffnet und was sich Positives dahinter verbirgt."

Und nicht vergessen!

„Jeder Morgen ist eine Chance durch die Tür für einen Neubeginn, für Träume oder Ziele zu gehen und das Beste dabei ist, diese öffnet sich alle 24 Stunden."
(Esragül Schönast)

Mehr Zeit für mich

Dieses Kapitel ist sicher besonders interessant für dich, wenn du oft Gedanken wie diese hast: „Ich habe keine Zeit für mich. Ich kümmere mich immer zuerst um andere. Für mich selbst ist zwischen Job, Familie und den anderen Aufgaben einfach keine Zeit."

Hast du so etwas schon einmal gehört oder gesagt? Kommt es dir bekannt vor? Also mir auf jeden Fall, denn ich höre das sehr oft. In manchen Fällen ist darin schon der Wunsch nach Veränderung enthalten, also eigentlich möchte ich gerne, aber…

Häufig jedoch stecken dahinter trotzdem ganz klare Aussagen: Zuerst kommen die Kinder, denn die Familie ist das Wichtigste, und wenn es ihnen gut geht, dann geht's mir auch gut. Ja, ist das denn falsch? Natürlich nicht, aber vor allem ist die Frage nach richtig oder falsch immer schwierig.

Schauen wir uns die Lage doch einmal aus einem anderen Blickwinkel an. Wenn ich die ganze Zeit voll unter Strom stehe, immer für alle da bin und deswegen keine Zeit mehr für mich habe, dann habe ich natürlich auch keine Zeit, mich um mein körperliches und seelisches Wohlgefühl zu kümmern. Wenn ich jedoch das Wohlbefinden meines Körpers und meiner Seele nicht ausreichend beachte, werde ich mit der Zeit müde und energielos. Das Energie Fass ist nicht grenzenlos, es gilt für jeden von uns, es auch immer wieder aufzufüllen.

Alles wird anstrengend, wenn ich zudem versuche, es durch mehr Kampf zu kompensieren. In diesen Momenten sagen wir uns sehr häufig „Es muss ja gehen, ich schaffe das schon irgendwie". Natürlich schaffen wir sehr viel, und wir können dann auch stolz auf unsere Leistung sein. Allerdings stellt sich schon die Frage, wie sieht das langfristig aus?

Wenn wir stetig die Bedürfnisse unseres Körpers und unserer Seele vernachlässigen, werden wir dadurch immer unzufriedener. Meist gefällt uns dann unser Spiegelbild nicht mehr. Vielleicht hat sich die Figur schon verändert oder sich ein kleines Bäuchlein gebildet? Oder wir sehen deutlich mehr Falten oder Augenringe und fühlen uns in der Folge nicht mehr wohl in unserem Körper.

Was passiert dann? Auf jeden Fall leidet unser Selbstvertrauen darunter und dann versuchen wir immer mehr im Außen zu kompensieren, was wir im Inneren gerade nicht finden- Der Teufelskreis kommt so richtig in Schwung. Wir laufen der Anerkennung hinterher. Wir wollen beweisen, dass wir alles schaffen, wie gut wir alles hinkriegen, wie sehr wir gebraucht werden und wie alles nur durch uns funktioniert. Bekommen wir diese Anerkennung denn dann wenigstens immer? Nein, zumindest nicht so ausreichend, dass wir alles Andere einfach ignorieren könnten.

Daher gehen wir jetzt zurück zu uns selbst. Was bewirkt dieses ständige Hetzen und Rennen bei uns? Hilft es unserem Energiehaushalt, unserer Zufriedenheit und unserem Selbstwert? Es gibt uns vielleicht (!) eine kurzfristige Anerkennung, aber langfristig kostet es uns unendlich viel Kraft und mit der Zeit auch immer mehr an Selbstvertrauen.

Die meisten kennen bestimmt den Spruch, den die Flugbegleiterin zu Beginn des Fluges immer so schön verkündet. „Im unwahrscheinlichen Fall eines Druckverlustes, fallen automatisch Sauerstoffmasken aus der Kabinendecke. Ziehen Sie die Maske ganz zu sich heran, und drücken Sie sie fest auf Mund und Nase. Helfen sie danach Kindern und hilfsbedürftigen Menschen." Der wichtigste Punkt des Satzes liegt in dem Wort "danach".

Ich empfinde es im übertragenen Sinn ganz häufig so, dass Frauen in erster Linie den Kindern die Sauerstoffmasken aufsetzen. Danach stellen sie fest, dass ihr Mann seine nicht findet. Sie suchen sie für ihn und helfen auch ihm, sie aufzusetzen. Dann stellen sie noch fest, dass eine Nachbarin die Maske falsch aufgesetzt hat und dass sie einer anderen heruntergefallen ist. Also kriecht SIE auf dem Boden herum, um diese Maske zu suchen. Alles sehr löblich und eine echte Tugend. Nur was passiert dann? Die Luft unten am Boden wird es langsam knapp, weil die eigene Maske noch immer unberührt an der Decke hängt.

Was ein ganz banales Beispiel zu sein scheint, ist zwar im alltäglichen Leben nicht ganz so offensichtlich, aber genauso relevant. Nur wenn ich Luft und genug Energie habe, kann ich gut für meine Kinder da sein und mich auch um alle anderen kümmern. Wenn aber meine eigene Energie immer weniger wird, wird zuletzt nicht nur für mich keine mehr übrig sein, sondern in der Konsequenz auch nicht für die anderen. Letztendlich hat dann keiner gewonnen.

Aber es ist kein Spiel, und es geht auch nicht ums Gewinnen. Es betrifft die eigene Energie, den Selbstwert und ein zufriedenes Leben. Und oftmals sind es gerade die Kinder, die uns diese Entscheidung so schwer machen. Natürlich wollen wir sie immer an erster Stelle wissen und stets für sie da sein. Allerdings könnten wir darüber nachdenken, ob man wirklich gleich eine Rabenmutter ist, wenn man auch auf die persönlichen Bedürfnisse, das eigene Seelenheil und den eigenen Körper achtet. Ist man nicht vielleicht sogar ein wunderbares Vorbild für die Kinder, wenn man auf die Energie schaut und ihnen zeigt, dass dies völlig richtig und verdient ist?

Wie wäre es, wenn wir anfangen würden, das „Ich bin nicht gut genug, ich muss immer mehr machen" zu ersetzen mit „Ich möchte mich um mich kümmern, denn ich bin wertvoll"? Ich bin fest davon überzeugt, dass eine Frau, die sich immer wieder ein wenig Zeit für sich nimmt, achtsam mit sich und ihrem Körper umgeht, nicht nur ein wunderbares Vorbild ist, sondern auch noch viel mehr für andere da sein kann, als eine, die ihre eigenen Bedürfnisse immer wieder hinten anstellt. Und das können wir lernen, jeden Tag!

Wenn du also sagst, du möchtest einfach Zeit für dich haben, vielleicht für Sport, für Entspannung oder einfach etwas Lesen? Na, dann hast du recht!

Wenn du sagst, du möchtest gerne durch mehr Achtsamkeit, durch mehr Klarheit im Alltag und gesündere Gewohnheiten zu mehr positiver Energie gelangen?

Na, auch dann hast du recht! Wenn du sagst, du möchtest Schritt für Schritt daran arbeiten, dich wieder rundum wohl zu fühlen und auch wieder Stolz und Selbstwert zu empfinden? Na, dann hast du ebenfalls so recht!

Wenn du dies im Alltag berücksichtigst, dann geht dir auch nicht die Luft aus.

Das Gummitier auf Luftentzug

Im letzten Kapitel ging es darum, wie wichtig es ist, dass du dir mehr Zeit für dich erlaubst, um so zu mehr Energie zu kommen. Dieses Kapitel ist eng damit verbunden, und ich zeige dir, wie du durch das Befolgen von nur wenigen Tipps dieses Ziel erreichen kannst. Du kennst sicher den Ausdruck "die Luft ist raus", aber was bedeutet er eigentlich? Man spricht davon, wenn nicht mehr genug Energie da ist, um eine Sache richtig zu machen. Wie ein Gummitier, das schlapp auf dem Boden liegt, weil es nicht (mehr) genug Luft trägt.

Sich in der Sommerzeit schlapp zu fühlen, müde zu sein und am liebsten auf dem Sofa liegen zu bleiben, kennst du das? Es ist sehr schwül draußen. Du bist urlaubsreif, reif für die Insel, du fühlst dich wie eine leere Hülle? Das ist ein klassischer Fall von Energieleere.

Aber gilt dies wirklich nur für heiße Tage, kurz vor dem Urlaub? Oder bist du eigentlich gerade vom Urlaub zurückgekommen und hast trotzdem dieses Gefühl? Hast du eben wieder mit der Arbeit begonnen und trotzdem kommst schon wieder müde nach Hause? Das Sofa hat eine magische Anziehungskraft für dich, obwohl du weißt, dass dir ein bisschen Sport nicht schaden würde?

Eigentlich ist es so, dass es gar nicht am Sommer oder an der Hitze liegt, denn einen kleinen Winterschlaf gönnen wir uns doch auch gerne, und nicht zu vergessen, wer kennt sie nicht, die berühmte Frühjahrsmüdigkeit?

Es gibt immer Momente in unserem Leben, in denen wir uns energielos fühlen. Das Gefühl im Job, als Mutter oder Geliebte immer alles geben zu müssen, führt mit der Zeit zu einem unausgeglichenen Energiehaushalt. Schwieriger wird es noch, wenn diese Tage überwiegen, und wir das Gefühl haben, immer müder und antriebsloser zu werden.

Wahrscheinlich wissen fast alle Frauen, was ihnen Energie geben könnte, aber sie kennen auch die Einwände dagegen:

- Persönliche Entspannungs-momente (Wann soll ich das denn machen?)
- Ein gesunder Nachtschlaf (Wenn da nicht die ganzen Gedanken und Störungen wären!)
- Bewegung an der frischen Luft (Keine Zeit, und auch der Schweinehund lässt mich nicht!)
- Leichte Mahlzeiten (Ja, ja ich weiß, dass Salat gesund ist, aber…)

Und was höre ich da oft? Das mache ich dann alles im Urlaub.

Ok, das ist löblich und wunderbar. Die Frage ist aber, wie lange hält diese Energie danach an? Wie lange zieht sich diese Entspannung in den Alltag? Wichtig ist es, sich langfristig eine gute Balance zuzulegen, um das persönliche Energielevel immer wieder aufzufüllen.

Dies geht auch, wenn wir weniger Zeit haben. Was kannst du also tun, wenn du dich völlig schlapp fühlst, aber eigentlich Sport machen oder den Haushalt erledigen müsstest und dich einfach nicht aufraffen kannst?

Probiere doch einfach meine Energie Tipps aus!

- Du kannst kalt duschen oder, falls das gerade nicht möglich ist, Hände und Gesicht eine Weile mit kaltem Wasser waschen. Warum? Es bringt den Stoffwechsel in Schwung, schüttet Adrenalin aus und kappt die "eingefahrenen" Gedankenströme, die sagen "Ich bin müde" oder "Ich kann nicht".
- Mit fünf Minuten Bewegung, am besten an der frischen Luft, kommst du direkt ins Handeln. 20 Kniebeugen, 20 Ausfallschritte, ein paar Pokicker oder Knieheber. Das geht immer und überall und bringt Körper und Geist in kürzester Zeit wieder auf Trab. Alternativ kannst du einen zwanzigminütigen Spaziergang machen.

- Entspannung kannst du immer auch durch eine Acht-
  samkeitsübung erreichen. Du glaubst nicht, dass das
  überall geht? Doch, es ist machbar, und wenn es zur Not
  im Büro auf der Toilette ist. Schließe die Augen, kon-
  zentriere dich auf deinen Atem und versuche einfach
  nur da zu sein. Lass die Gedanken kommen und gehen
  und fokussiere dich auf deinen Atem. Das ist wie ein
  Kurzurlaub für das Gehirn.
- Kennst du das Wort "Powernap"? Das ist eine Art Mit-
  tagsschlaf, nur kürzer. Manchmal spricht man auch vom
  Minuten-Schlaf. Dieser kurze Schlaf hilft dir das Mit-
  tagstief zu überwinden und Körper und Geist mit neuer
  Energie zu laden. Ein Powernap oder eine 20 minütige
  Meditation sind natürlich die Königsdisziplinen der
  Entspannung. Solltest du also die Möglichkeit haben,
  dich kurz ganz zurückzuziehen, dann tu' das!

Das kostet alles nur ein paar Minuten, aber du wirst sehen, wenn
du diese Tipps konsequent anwendest, dass sich dein Energielevel
kurzfristig ändern wird und du deinen Tag wunderbar weiterführen
kannst. Langfristig gilt es, gesunde Energie-Gewohnheiten in ganz
kleinen Schritten in deinen Alltag einzubauen und konsequent einzusetzen.

TEIL 2 Von Glaubenssätzen und alten Strukturen

Du bist jetzt bereits im zweiten Teil des Buches angelangt, der sich mit einem zentralen Bereich, nämlich den Glaubenssätzen, beschäftigt, die unser Leben immens beeinflussen. Du erfährst wie negative Glaubenssätze dich bremsen, positive dagegen dich motivieren können. Da sie in vielen Bereichen auftreten, widme ich ihnen mehrere Kapitel unter verschiedenen Aspekten.

Hast du in den sozialen Medien, bei einer Therapie oder in einem Gespräch Aussagen wie „Das ist doch nur ein Glaubenssatz!" oder „Beschäftige dich einfach einmal mit deinem inneren Kind!" schon einmal gehört? Das klingt zwar sehr einfach, aber was ist, wenn du noch überhaupt nicht weißt, was das genau sein soll und wie es in dir aussieht?

Wenn alles immer so leicht wäre, dann würden wir nicht ständig an die falschen Partner/Innen geraten, Ärger mit nervigen Kollegen/Innen oder Nachbarn haben oder immer noch die 20 Kilo Übergewicht auf die Waage bringen, oder? Hier sind tieferliegende Strukturen am Werk, meist aus der Kindheit, die wir schon sehr lange mit uns herumtragen, manchmal sehr viel länger als unsere überflüssigen Kilos.

Alte Strukturen oder Glaubenssätze sind Überzeugungen, die uns antrainiert wurden oder die wir einfach aufgenommen haben und als „wahr" angenommen haben. Sie entstanden beispielsweise durch Erziehung, Vorbilder und Einflüsse des persönlichen Umfeldes. Darüber wie wir (nicht) sind und wie wir sein sollen. Man kann es mit einer Software, für die es kein Update gibt, vergleichen. Das lässt uns auch als 40-jährige Frau noch trotzig aufstampfen, wenn wir nicht das bekommen, was wir haben wollen oder bringt uns dazu, unsere Tränen hinunterzuschlucken, weil "man" das ja nicht tut oder den Mund zu halten, weil „Mädchen ruhig sind und nichts zu sagen haben".

Der Eichenschrank

In diesem Kapitel erzähle ich dir, was ein Eichenschrank mit deinen Glaubenssätzen und Blockaden zu tun hat und wie du am besten mit den Ängsten, die daraus entstehen können, umgehen kannst. Am Ende des Kapitels warten meine Tipps zum Umgang mit deinem persönlichen Schrank, und warum es gut ist, wenn du dir dabei Hilfe holst.

So, so, ich habe also nicht alle Tassen im Schrank? Oder bist du es, der nicht mehr alle Tassen im Schrank hat? Achtung, das wird deutlich tiefer gehen, als du gerade denkst. Wenn wir sprichwörtlich nicht alle Tassen im Schrank haben, wird es nichts bringen, das Geschirr auf Verluste zu überprüfen. Die hier gemeinten Tassen kann man auch nur schwerlich in den Schrank stellen, da sie sich angeblich vom hebräischen Wort "Toshia", was Verstand und Klugheit bedeutet, herleiten. Der Ausdruck bedeutet, verrückt sein, etwas Unsinniges gesagt/vorgeschlagen/getan zu haben bzw. tun zu wollen oder vorzuhaben.

Im Prinzip geht es also jetzt darum, das Innere des Kopfes etwas zu durchleuchten und das mache ich sowieso besonders gerne. Und nachdem wir schon bei dem wunderschönen Bild eines Schrankes sind, habe ich nachgedacht, was es noch für Redewendungen über Schränke gibt.

Besonders spannend wird es hier: Im 19. Jahrhundert wurden Geheimnisse wortwörtlich versteckt. Es gab beispielsweise Situationen, in denen die Menschen ihre kranken Familienmitglieder vor Gästen verborgen haben. In einigen Fällen wurde auch versucht, Tote zu verstecken, damit keine medizinische Untersuchung vorgenommen werden konnte. Daher stammt der Ausdruck "ein Skelett im Schrank haben". Inspiriert davon, entstand in den 60iger Jahren die Redewendung "aus dem Schrank kommen" (*"to come out of the closet"*), ein internationaler Symbolausdruck für das Coming-out.

Du siehst also, es geht beim Schrank meist darum, dass etwas darin steckt, was wir entweder nicht durchleuchten möchten oder bei dem wir alternativ das Gefühl haben, es sollte doch einmal näher betrachtet werden. Ich möchte euch eine Analogie anbieten, eine Analogie zwischen eurer persönlichen Weiterentwicklung und einer hellen Wohnung mit einem großen Eichenschrank.

Stell dir vor, du hast eine wunderschöne Wohnung, dein Leben. Diese hast du in letzter Zeit immer mehr aufgeräumt und verändert. Alte Möbel wurden größtenteils entsorgt, aber noch steht es da, das alte Sofa. Kannst du ein neues Sofa hineinstellen, solange es da ist? Meist nein und das heißt, um wirklich Neues in dein Leben zu holen, musst du zuerst Raum dafür schaffen.

Jetzt hast du tatsächlich fast die ganze Wohnung wunderbar auf- und ausgeräumt und sitzt dort und fühlst schon die Freiheit des Wählens. Die Freiheit, diesen Raum mit vielen positiven Dingen und Momenten zu füllen. Aber Achtung! Auch wenn du nicht hinschauen möchtest, da hinten in einer der Ecken, da steht ER: Ein massiver, großer, dunkler, enormer EICHENSCHRANK.

Er ist das Symbol für alle die tiefen Strukturen, Ängste, Sorgen und alten Erfahrungen, die du zwar nicht mehr brauchst, die aber dennoch in dir präsent sind. Ein Symbol für deine Glaubenssätze, deine Blockaden und all die Gedanken und Gefühle, die dich davon abhalten, die Wohnung deines Lebens einfach nur wunderschön und neu zu gestalten. Es ist nicht einfach, dorthin zu sehen, ja es macht sogar Angst, warum aber?

- Es ist dir nicht klar, wie du damit umgehen sollst, wenn der Schrank offen ist.
- Du weißt nicht wirklich, was sich zeigen wird, wenn du hineinschaust.
- Er scheint so mächtig, so dunkel, so unumstößlich zu sein.
- Du hast auch keine Ahnung, wie der Schrank abgebaut werden kann.

Was wäre also der beste Umgang mit einem Eichenschrank?

- Du könntest ihn zwar in einem Wutanfall aus dem Fenster werfen wollen, schaffst es allerdings nicht, ihn auch nur einen Zentimeter zu bewegen.
- Du kannst ihn ignorieren und versuchen, ihn zu übersehen.
- Du kannst ihn dir schönreden: „Der war ja schon immer da, und so schlimm ist er auch nicht."

Wenn du aber wirklich eine wunderbare, helle Wohnung haben möchtest, vielleicht mit einem schönen anderen Schrank darin, dann ist es an der Zeit, diesen Eichenschrank näher anzuschauen. Und auch, wenn du den Schrank eigentlich behalten möchtest, vielleicht, weil er eben schon soooooo lange bei dir ist, selbst dann wird es trotzdem Zeit, hineinzuschauen und Platz zu schaffen. Im Prinzip würde ich dir aber immer empfehlen, den Eichenschrank nach und nach abzubauen, um Raum zu gewinnen.

Was ist in einem solchen Eichenschrank alles verborgen?

- Geheimtüren und doppelte Böden mit uralten Glaubenssätzen
- Schubladen mit Geschichten und Erfahrungen
- Regale mit alten Gefühlen und Erinnerungen

Du kannst in den Schrank hineinsteigen, alles aufmachen, alles herausholen und alles gleichzeitig anschauen. Allerdings ist die Gefahr dann groß, dass der Staub, den du aufwirbelst, unerträglich wird. Oder vielleicht fällt dir eine der oberen Schubladen auf den Kopf oder den Fuß? Du kannst den Schrank natürlich auch schnell wieder zumachen, aber deshalb ist weder er noch sein Inhalt weg.

Was ist also ein sinnvoller Umgang mit dem Eichenschrank?

Hier meine Tipps:

- Setze dich in die Mitte deiner wunderschönen Wohnung und komme erst einmal bei dir und im JETZT an. Horche in dich hinein, wie es dir geht und was du im Moment fühlst. Bist du gerade voller Tatendrang, um jetzt deinen Eichenschrank anzugehen? Bist du in der Stimmung, Pläne zu schmieden und dir deine Wohnung mit bunten Bildern vorzustellen? Oder ist dir einfach nur zum Heulen, weil du nicht weiter weißt?

- Beginne mit dem, was in deinem Leben gerade aktuell ist! Wenn es die Zeit für Visionen ist, dann male sie dir aus. Fertige vielleicht eine Zeichnung an, wie alles aussehen würde. Stelle es dir genau vor, mache dir ein Vision Board oder was auch immer dir Freude bereitet, um deinen Ideen Ausdruck zu verleihen.

- Alle Gefühle und Stimmungen sind zulässig, und es ist wichtig, sie zu unterscheiden. Denn es macht keinen Sinn, in Gedanken bei einer uralten Schublade zu sein und gleichzeitig zu versuchen, die bunte Farbe eines Sofas zu wählen.

- Wenn es Zeit zum Weinen und Trauern ist, dann tu es! Lass den Tränen freien Lauf und schreib auf, was dich beschäftigt. Reinige dich sozusagen selbst von innen.

- Wenn es Zeit für das Aufräumen ist, dann geh es an. Nimm die Säge und gehe zu deinem Schrank. Mach ihn auf, schau dir die Schubladen an. Dann überlegst du, mit welcher du anfangen willst. Entscheide dich für eine und beginne, sie auszuräumen.

- Schau dir den Inhalt an und lass ihn los, denn er ist nicht mehr Teil deiner Gegenwart. Es ist vorbei. Wenn nötig, zersäge die großen Schubladen in Stücke und befördere sie aus dem Fenster. Sei achtsam mit dir, verurteile dich nicht und hör auf, wenn es genug ist. Das ist anstrengend.

- Such dir Unterstützung! Hilfe anzunehmen ist nicht schwach! Hilfe zu beanspruchen ist stark! Gemeinsam geht es leichter!
- Finde einen "Visionenträumer", einen "Andersdenker", einen "Verrücktdenker", einen "DurchdieRäumeTänzer", einen "Luftschlossbauer", der bei dir ist, wenn es um Ideen geht, der mit dir "Brainstorming Ping Pong" spielt und dich inspiriert.
- Suche dir eine Schulter zum Anlehnen, einen "Mutmacher", einen "IchverstehdichUmarmer", einen "Dukannstdichfallenlassen" Freund und einen "Ichkanndirvertrauen" Menschen, der einfach da ist und dich versteht.
- Finde einen Macher, einen Umsetzer, einen "Schrankeinreißer", einen "Schubladen-Experten", einen "MutfürDunkleshaber", einen "Aufräumer" und "Lösungsdenker", der dir hilft, die Ärmel hochzukrempeln und den Schrank langsam, aber sicher abzubauen.

In jedem Fall, egal welche der Möglichkeiten du wählst, sag dir **#ichmachdasjetzt!**

UND ACHTUNG!

Setze dich bitte nicht unter Druck, indem du jetzt denkst „Oh weh, ich habe doch niemanden, ich schaffe das nie!" Du bist nicht alleine. All diese Menschen müssen nicht gleichzeitig da sein, sie können auch virtuell dabei sein und dir helfen. Nichts muss. Es kann sogar eine Person sein, die all das in sich vereint. Diese Person kannst aber auch du selbst sein. All diese Menschen sind da, in dir und in den anderen. Lass sie in dein Leben, nimm ihre Hilfe an und baue deinen Eichenschrank langsam ab.

Hilfe ist nur etwas für schwache Menschen?

„Mancher ertrinkt lieber,
als dass er um Hilfe ruft.“
(Wilhelm Busch)

In diesem Kapitel räume ich mit einem weit verbreiteten Vorurteil auf: „Wer Hilfe annimmt, ist schwach.“ Ich erkläre, warum dieser Glaubenssatz in unseren Köpfen so fest verankert ist, und warum er oft verhindert, dem ersten Impuls zu folgen und einfach um Hilfe zu fragen.

Kennst du Gedanken wie:

- Das kann ich (besser) allein, dazu brauche ich niemanden.
- Damit kann ich doch keinen belasten.
- Wenn ich frage, denkt der andere sicher schlecht über mich.
- Das muss ich doch allein hinkriegen.
- Ist doch lächerlich, dass ich das nicht schaffe.
- Ich will nicht jammern.
- So schlimm ist es doch gar nicht.
- Ich habe noch immer alles hinbekommen, also auch jetzt das.
- Mir hilft sowieso keiner.
- Mir kann niemand helfen.
- Das ist doch viel zu viel für andere.
- Sehe ich so schwach aus, dass er/sie mir Hilfe anbietet?
- Glauben die, ich kann das nicht?

Ich könnte hier noch lange weiter aufzählen, denn es gibt Hunderte von alten Geschichten und Glaubenssätzen zum Thema "Hilfe geben und Hilfe annehmen". Aber alle haben etwas gemeinsam:

Sie gehen davon aus, dass um Hilfe zu bitten und sie anzunehmen, Schwäche bedeutet. Aber ist es das wirklich? Ja, so haben wir das zwar gelernt, aber die Menschen dachten früher auch, dass die Erde eine Scheibe ist...

Der Mensch ist kein Einzelgänger, denn wir haben immer schon in Gemeinschaften, Familien, Sippen und Stämmen, die sich gegenseitig unterstützt haben, zusammengelebt. Obige Sätze wären daher damals absolut absurd gewesen, erst in Zeiten von Leistungsdruck, Konkurrenzdenken und reinem Egoismus konnten solche "Schwächen" entstehen, und es kam der Eindruck auf, dass Hilfe zu brauchen etwas Negatives wäre.

Und dennoch: Wir leben heute, und egal, wie wir es drehen und wenden, das Ergebnis ist sehr häufig gerade bei Frauen, dass wir es als schwach empfinden, Hilfe zu suchen und Hilfe anzunehmen. Hier gibt es übrigens einen Unterschied: Dem einen fällt das eine schwer, das andere leicht, manche tun sich bei beidem schwer. Oft sind auch schlechte Erfahrungen, die schon lange zurückliegen, der Auslöser dafür. Solche Erlebnisse, dass man belächelt oder „dumm angeschaut" wurde, bleiben im Unterbewusstsein haften und können zukünftiges Verhalten beeinflussen.

Sehr häufig landen wir in einem Dilemma. Wir wollen stark sein, suchen nicht nach Hilfe, und werden dabei einsam, ja EINSAM. Denn wir drehen uns in einem Kreis aus Frust und den eigenen negativen Gedanken.

So kommt es, dass wir uns mit unseren Fragen und Problemen allein herumschlagen. Wer Hilfe haben möchte, der sollte sich zunächst öffnen und diese Hilfe zulassen. Und das ist das Problem.

Was ist es wirklich? Hilfe zu erbitten, und sie auch anzunehmen ist tatsächlich eine Stärke und keine Schwäche. Es beweist Verbundenheit, Mut zur Veränderung, Zielorientierung und Offenheit gegenüber anderen Menschen. Außerdem zeigt es, dass wir bereit sind, genauer hinzuschauen. Was ist wirklich mein Bedürfnis? Wie würde ich mich gerne fühlen? Was würde ich gerne erreichen?

Wir können beides kombinieren, einerseits die Stärke selbstbestimmt zu handeln, vieles zu schaffen und ungeahnte Kräfte zu haben, und auf der anderen Seite dankbar die Hilfe von Freunden oder Experten anzunehmen.

Denn ja, Menschen helfen gerne, Menschen unterstützen sich gerne, sie mögen es, sich auszutauschen. Es liegt in unserer Natur, und es wird Zeit, das wieder ans Licht zu bringen! Wir sind uns selbst wichtig, wir sind den anderen wichtig, und die anderen sind uns wichtig. Und so ist Hilfe anzunehmen und zu geben, das Normalste der Welt.

- Sei stark genug, um unabhängig zu bleiben.
- Sei klug genug, um zu erkennen, wann du Hilfe brauchst.
- Sei weise genug, um darum zu bitten.

Spieglein, Spieglein an der Wand

„Spieglein, Spieglein an der Wand, wer ist die Schönste im ganzen Land?" Wer kennt sie nicht, die Frage aus dem Märchen "Schneewittchen"?

In diesem Kapitel geht es aber nicht um Märchen, sondern du erfährst, was der Spiegel dir verrät, und was er mit dem Gesetz der Anziehung zu tun hat. Dazu gebe ich dir zwei Beobachtungsmöglichkeiten mit den wichtigsten Fragen zu dem Thema.

Du weißt ja sicher, wie das mit Spiegeln ist. Was zeigen sie uns? Uns selbst. Und wenn wir genau hinschauen, dann können wir so vieles erkennen, auch was mehr als nur Äußerlichkeiten umfasst. Wir können lernen, unsere wunden Punkte zu erkennen und sie langsam zu heilen.

1. Wenn du vor einem echten Spiegel stehst:
   - Schau dich an! Was siehst du? Was gefällt dir? Welche körperlichen Dinge erkennst du?
   - Lächle dich an und sage dir mindestens einmal am Tag „Hallo, Name, ich mag dich" (oder ich liebe dich oder ich finde dich toll).
   - Frage dich, wie es dir geht.
   - Schau dich dabei an und nimm wahr, was gerade in dir vorgeht.

Aber auch andere Menschen, vor allem Menschen, mit denen wir immer wieder in Konflikt geraten, sind wunderbare Spiegel für uns.

2. Wenn du im Konflikt mit einer anderen Person bist oder Kritik empfängst:
   - Was hat das mit mir zu tun? Welchen Teil des Konfliktes kann ich bei mir anschauen?
   - Welche "alten" Gedanken löst dieser Konflikt aus?

- In welchem Bereich bin ich ein Spiegel für den anderen?
- In welchem Punkt projiziert er seine Geschichte auf mich? Achtung, es geht dabei nicht um Verantwortung abzugeben, sondern um das Erkennen.
- Was kann ich aus dieser Situation lernen, um in Zukunft anders damit umzugehen?

Und nun die große Frage: Was hat das mit dem Gesetz der Anziehung zu tun? Die Antwort findest du in der Geschichte:

Der Hund im Tempel der 1000 Spiegel

Vor langer Zeit gab es in einem fernen Land einen Tempel mit tausend Spiegeln. Eines Tages kam ein Hund des Weges. Er bemerkte, dass das Tor geöffnet war. Hunde wissen natürlich nicht was Spiegel sind und was sie bewirken können. Vorsichtig und ängstlich ging er in den Tempel hinein, und er glaubte sich von tausend Hunden umgeben. Der Hund betrachtete die vielen Spiegel und sah in jedem einen Hund.

Als er zu knurren begann, knurrten die anderen Hunde ebenfalls. Er fletschte die Zähne, und im selben Augenblick begannen die tausend Hunde ebenfalls ihre Zähne zu fletschen.

Der Hund bekam es mit der Angst zu tun. So etwas hatte er noch nie erlebt und voller Panik lief er, so schnell er konnte, aus dem Tempel hinaus. Dieses furchtbare Erlebnis hatte sich tief in sein Gedächtnis eingegraben. Fortan hielt er es für erwiesen, dass ihm andere Hunde feindlich gesinnt sein mussten. Die Welt war für ihn ein bedrohlicher Ort, er wurde von anderen Hunden gemieden und lebte verbittert bis ans Ende seiner Tage.

Die Zeit verging, und eines Tages kam ein anderer Hund des Weges. Der Hund bemerkte ebenfalls, dass das Tor zum Tempel der tausend Spiegel geöffnet war. Neugierig öffnete er es und ging hinein. Auch er glaubte sich von tausend Hunden umgeben. Der Hund begann zu lächeln, und er betrachtete die vielen Spiegel interessiert. Überall sah er einen Hund, der ebenfalls lächelte. Er begann vor Freude mit dem Schwanz zu wedeln, und im selben Augenblick begannen die tausend Hunde auch mit ihrem Schwanz zu wedeln.

So etwas hatte er noch nie erlebt, und er wurde noch fröhlicher. Voller Freude blieb er solange er konnte im Tempel und spielte mit den tausend Hunden. Dieses schöne Erlebnis hatte sich tief in das Gedächtnis des Hundes eingegraben. Fortan sah er es als erwiesen an, dass ihm andere Hunde freundlich gesinnt waren. Die Welt war für ihn ein positiver Ort, er wurde von anderen Hunden gern gesehen und lebte glücklich bis ans Ende seiner Tage. *(James Allen)*

Ich möchte dich einladen, in den nächsten Tagen ganz bewusst diese beiden Wege zu begehen, und das am besten mehrfach täglich. Das Wichtigste dabei ist die absolute Ehrlichkeit zu dir selbst. Unsere Wahrnehmungen beeinflussen unser Leben. Wenn wir es also fertigbringen unsere Wahrnehmung zu verändern oder zu erweitern, können wir unser Leben positiver gestalten.

Besser beneidet als bedauert! Oder wie ist das mit dem Neid?

Schon *Herodot* (485-425 v.Chr.), ein griechischer Geschichtsschreiber der Antike, befasste sich mit dem Thema dieses Kapitels, dem Neid, einer Empfindung, bei der ein Mensch dem anderen einen Erfolg oder einen Besitz nicht gönnt. Wir untersuchen, woher dieses Gefühl kommt und ob Neid immer negativ sein muss.

Um die Frage zu beantworten, wollen wir zuerst die genauere Definition betrachten:

„Neid bezeichnet den Wunsch der neidenden Person, selbst über mindestens als gleichwertig empfundene Güter (materieller oder nicht materieller Art) wie die beneidete Person zu verfügen."

Interessant, es geht also um einen "nicht erfüllten" Wunsch, der uns vor die Nase gesetzt wird. Wir wünschen uns etwas, was jemand anderes hat. Soweit so gut, aber was macht das nun so schlimm? Der Unterschied liegt wohl im "nicht gönnen" oder? Zumindest kommt daher der negative Touch, den das Wort "Neid" hat.

Wer ist neidisch? ALSO ICH NICHT. Ich kenne keinen Neid… Das habe ich in letzter Zeit sehr häufig gehört. Verbunden mit den Worten „Ich gönne jedem alles" „Ich bin doch nicht neidisch" (weil das „ist MAN ja nicht" „MAN ist ja bescheiden").

Aber Achtung, wie sieht es dann mit meinen Wünschen aus? Gibt es denn auch positiven Neid? Also einen Wunsch, der uns veranlasst aktiver zu sein? Da ich den Dingen gerne auf den Grund gehe, finde ich das Sprichwort „Wer im Glashaus sitzt, sollte nicht mit Steinen werfen" hier sehr passend. Ich denke Neid ist menschlich.

Jede "Todsünde", egal was wir vom Begriff "Sünde" an sich halten und ob es sie gibt, ist menschlich, sonst wäre sie nicht da. Sie kommt aus unseren tiefen Wünschen und Bedürfnissen, seien es Anerkennung, Liebe, Sicherheit oder Kontrolle.

Ich halte nichts von Schwarz-Weiß-Denken, dazu ist mir die Welt viel zu komplex. Empfinde ich Neid manchmal als "schlecht"? JA, denn er kann sehr abwertend und trennend werden. Kann es sein, dass Neid manchmal auch als "angenehm" gesehen werden kann? JA, denn wenn jemand neidisch auf mich ist, dann gibt mir das Anerkennung, und ich habe auch gerne Anerkennung. Wer frei von Sünde ist, der...

Empfinde ich Neid manchmal als Ansporn? JA, denn wenn ich etwas ersehne, dann erweckt das einen Wunsch in mir. Und wenn ich mir diesen Wunsch erfüllen möchte, dann komme ich ins Handeln, gehe neuen Ideen nach und finde Wege dazu.

Ist das nun eine Ode an den Neid? NEIN! Es ist eine Ode an das Bewusstsein eines jeden Einzelnen, in sich zu gehen und sich ehrlich selbst zu antworten, wie es mit den eigenen Wünschen steht.

Dazu passt wunderbar wieder eine Geschichte:

Der kleine Igel, der Hunger und der große Neid

Endlich konnte sich der kleine Igel wieder einmal so richtig satt essen. Nachdem er im Wald vergeblich nach Futter gesucht hatte, war er am Abend in einen Garten geschlüpft. Dort hatte er in den Gemüsebeeten und zwischen den Salatköpfen viele leckere Schnecken zum Verspeisen gefunden. Was für ein Glück! Bald nämlich würde der Herbst und mit ihm auch die kalten Tage kommen. Bis dahin musste sein magerer Igelbauch noch mächtig wachsen. Fit musste er sein für die Zeit des langen Winterschlafes.

Als nun der Morgen kam, war er zum ersten Mal seit vielen Tagen wieder einmal so richtig satt. „Ah! Das tut gut!", sagte er und blinzelte den ersten Sonnenstrahlen zu. „Ein satter Bauch macht zufrieden. Oh ja, sehr zufrieden bin ich." „Satt?", schnurrte die alte Katze, die gerade von ihrem nächtlichen Ausflug zurückkehrte. „Das klingt gut. Das ... Das macht mich gerade neidisch. Mir knurrt der Magen. Jagdglück hatte ich im Gegensatz zu dir nämlich keines." „Was ist, neidisch?", fragte der kleine Igel. Die Katze verzog das Gesicht zu einer Grimasse, und der kleine Igel konnte nicht erkennen, ob sie nun lachen oder weinen wollte. Dieses "Neidisch" schien kein nettes Wort zu sein. „Neidisch zu sein ist eine wenig schöne Angewohnheit der Menschen", erklärte die Katze. „Bei ihnen hörte ich manchmal davon. Es ist, wenn man etwas haben möchte, was einem anderen gehört oder was ein anderer gefunden hat. Man ärgert sich auch dabei. Manchmal ist man dabei auch ein bisschen traurig. "Das verstand der kleine Igel nun nicht. „Und?", fragte er wieder.

„Du willst also meinen satten Bauch haben? Bist du deswegen gerade ein bisschen wütend oder traurig oder beides? Sag, möchtest du vielleicht auch ein paar Schnecken fressen?"

Da musste die Katze lachen. „Siehst du, so ist das mit dem Neid. Man verhält sich dumm und will Sachen haben, die man gar nicht brauchen kann. Nur weil ein anderer daran Freude hat." Sie kicherte. „Nein danke. Mit Schnecken habe ich nichts am Hut."

„Was war ein Hut?" Der kleine Igel wunderte sich schon wieder, aber er mochte die Katze danach nicht auch noch fragen. Am Ende würde sie denken, Igel seien dumm. Und wer wollte so etwas schon zugeben wollen? Aber über diese Sache mit dem Neid würde er nachdenken, jetzt gleich, wenn er zu einem Schläfchen bis zum nächsten Abend in seinem Schlafplatz unter dem Holzstapel lag. *(Elke Bräunling)*

Wie sieht das also bei dir aus? An welchem Punkt schaust du da noch nicht ganz so genau hin? Oder gibt es vielleicht sogar Menschen, die du auf Distanz hältst, weil es mit dem Thema Neid zu tun hat?

Nähe und Distanz

Ich möchte in diesem Kapitel dein Augenmerk auf das Problem Nähe und Distanz lenken, da dieses Thema in fast allen Beziehungen ein Schlüsselthema ist. Es geht darum zu schauen, was sie für dich und deinen Umgang mit Beziehungen bedeuten und welche Fragen du dir dazu stellen kannst.

Hast du dir schon einmal Gedanken über dieses Thema gemacht? Wie weit ist zu weit, wie nah ist zu nah? Wann ist Distanz zu viel Distanz, und wann ist Nähe zu viel Nähe? Welches Maß von Nähe und Distanz wird als richtig empfunden?

Nähe und Distanz beschreibt die Interaktion zwischen zwei oder mehreren Personen. Damit wird klar, dass nicht nur Paarbeziehungen, sondern Beziehungen im Allgemeinen gemeint sind. Das Bedürfnis von Distanz und Nähe ist sehr unterschiedlich in den Menschen angelegt, und es gibt dazu keine allgemeingültigen Regeln oder Wahrheiten, denn tatsächlich ist es individuell sehr verschieden. Daher sollte jeder für sich selbst entscheiden, und auch Bewertungen und Interpretationen des Verhaltens des Partners sind hier nicht zielführend.

Schwierig wird es allerdings, wenn das Gegenüber die Bedeutung von Nähe und Distanz wesentlich anders einschätzt. Wenn nur eine Person das Konzept von Symbiose, das bedeutet sie möchte alles und so viel wie möglich zusammen erleben, durchziehen möchte, und die andere Person grundsätzlich mehr Freiraum braucht und haben möchte, sind Konflikte vorprogrammiert.

Und so kann das Wechselspiel von Distanz und Nähe für einen oder beide Beteiligte sehr schmerzvolle Erfahrungen bringen. Wichtig sind hier Gespräche und Offenheit, um herauszufinden, was für beide Partner gut ist und welche Kompromisse möglich sind.

Hast du dir deine Beziehungen einmal angeschaut, und dabei überprüft, wie es um dein persönliches Empfinden zu diesem Thema steht? Es ist unglaublich schwierig, die Balance zwischen

Freiheit und Geborgenheit zu finden, zwischen dem Gefühl zusammenzugehören und doch sich selbst entfalten zu können.

Beziehungen bedingen, dass wir uns nah sind, denn Nähe ist ein wichtiges Element für ihren Erhalt. Wenn wir uns immer nur entfernt fühlen, ist es vielleicht keine Beziehung mehr. Menschen brauchen Nähe, die nicht erdrückt und Distanz, die nicht entfremdet.

Die folgenden Fragen können dir bei deiner Reflektion zu diesem Thema helfen. Dabei ist es nicht wichtig, ob du mehr für die Distanz bist oder eher mehr Nähe benötigst.

Ich finde sie sehr spannend, denn dadurch kannst du dich mit dir und deinen persönlichen Bedürfnissen und Gefühlen beschäftigen und die Gründe dafür herausfinden.

- Was bedeutet das Thema Nähe und Distanz für dich?
- Wie fühlst du dich dabei?
- Wie viel Nähe brauchst du? Wie viel Distanz ist für dich nötig?
- Vermisst du Nähe, wenn ja, wessen Nähe und warum?
- Empfindest du eine gewisse Distanz als angenehm und warum?
- Wie groß ist dein "Wir"- Bedürfnis?

Hat sich dein Empfinden gegenüber Nähe während der Beziehung geändert?

Perfekt zu unserem Thema passt die Parabel "Die Stachelschweine" des bekannten Philosophen Arthur Schopenhauer aus dem Jahr 1851:

Eine Gesellschaft von Stachelschweinen drängte sich an einem kalten Wintertag recht nahe zusammen, um sich gegenseitige durch ihre Wärme vor dem Erfrieren zu schützen. Jedoch bald spürten sie ihre Stacheln unangenehm, und sie entfernten sich wieder voneinander. Wenn nun das Bedürfnis nach Wärme sie nach einer Zeit wieder näher zusammenbrachte, wiederholte sich jenes zweite Übel, sodass sie zwischen beiden Leiden hin- und hergeworfen wurden, bis sie eine mäßige Entfernung voneinander herausgefunden hatten, in der sie es am besten aushalten konnten.

So ist es wohl auch bei den meisten von uns. Auch wenn man sich noch so liebt, braucht jeder seinen Freiraum. Und diesen gilt es erst herauszufinden, bis man das Optimum an Nähe und Distanz erreicht hat. Denn, „das Ungewisse an der Distanz ist, dass man nicht weiß, ob einen der andere vermisst oder vergisst".

Und das wiederrum hat einen direkten Zusammenhang mit den wunderbaren Schleifen des Lebens.

Die alten Schleifen

In diesem Kapitel erfährst du, warum sich Dinge und Strukturen in unserem Leben so oft wiederholen. Du lernst, wie du alte Muster und Glaubenssätze erkennen und dagegen angehen kannst.

Kennst du das vielleicht auch? Irgendwie kommen öfters ähnliche Themen zu dir, klopfen sozusagen an deine Tür. Es passieren dir immer wieder ähnliche Dinge oder du triffst oft auf die gleiche Sorte von Menschen? Dann bist du nicht allein, denn das geht ganz vielen Leuten so. Und manchmal ist hier das Erkennen schon der erste Weg zur Besserung.

Schleifen auf einem Geschenk sind schön, aber was machen sie eigentlich dort? Ursprünglich hatten sie die Aufgabe, die Verpackung zusammenzuhalten. Schleifen haben eine interessante Eigenschaft, sie sind geschlossen, aber manchmal gehen sie auch auf oder lassen sich auflösen.

Das Thema lässt sich in drei Bereiche aufteilen. Der erste Bereich beinhaltet kurzfristige Schleifen und ist tendenziell in der Gegenwart zu suchen. Um die Dinge für dich selbst so zu lösen, dass du ein ausgeglichenes, erfülltes Leben führen kannst, brauchst du vor allem eins, und das ist Klarheit. Ohne die geht es nicht. Du musst dir klar sein, was du tun möchtest, damit dein Leben positiv weitergeht.

Ungelöste und unerledigte Dinge bedingen solche energetische Schleifen, die uns täglich wertvolle Energie kosten, die wir sinnvoller einsetzen könnten. Nehmen wir als Beispiel einen Streit mit einem Nachbarn. Es können unausgesprochene Meinungsverschiedenheiten sein, ungelöste Probleme oder aber Gedanken über ein eigenes falsches Verhalten, die einem nicht aus dem Kopf gehen.

Diese Schleifen finden vollständig in der Gegenwart statt, anders als bei den langfristigen Schleifen des zweiten Bereiches. Es sind kurzfristige Angelegenheiten, die allerdings nicht beendet sind. Um deine Energie zu dir zurückzuholen und sie damit nicht zu verschwenden, musst du diese Schleife lösen.

Eine Möglichkeit wäre es, einfach wegzuziehen, auf diese Weise wird der Nachbar nie wieder in deinem Umfeld in Erscheinung treten, und die Schleife ist gelöst. Nachdem das jedoch in den meisten Fällen nicht in Frage kommen wird, ist die zweite Lösung praktikabler.

Ein Gespräch mit dem Nachbarn kann die Sache aus der Welt schaffen. Manchmal ist es aber auch der Fall, dass es dein persönliches Bedürfnis ist, dem Nachbarn zu sagen, dass du es nicht böse gemeint hast und dich gegebenenfalls zu entschuldigen. Auch so kannst du deine Energie zurückgewinnen. In jedem Fall musst du ins Handeln kommen, denn deine Aufgabe ist es, deine Energie zurückzuholen.

Du glaubst, du hast keine solchen Schleifen? Unwahrscheinlich! Jeder von uns hat sehr viele dieser Beispiele in seinem Leben, seien es kleine oder große Dinge. Es kann etwas ganz Banales sein, wie die Waschmaschine, die geputzt werden muss, oder andere Sachen, die wir verschieben, wie die Steuererklärung oder der Wohnungsputz. Eigentlich nichts Großes, trotzdem fängst du aus den verschiedensten Gründen nicht damit an.

Auf die Weise verlierst du Energie nach außen und erst, wenn es dir gelingt, die Schleifen, die Loops, zu lösen, holst du diese verlorene Energie zurück.

Ähnlich ist es auch bei unliebsamen Arbeiten z.B. im Beruf, die einen sehr lange Zeit gedanklich begleiten können, bis man sie endlich erledigt hat. Denn nur in den wenigsten Fällen werden sich solche Dinge von selbst lösen. Wenn man sich nicht zeitnah um kurzfristige Energieschleifen kümmert, können sie auch zu langfristigen werden.

Die Schleifen dieses zweiten Bereiches sind eher in der Vergangenheit angesiedelt. Es geht hier um alte Strukturen, Geschichten, oft sind es Selbstwertthemen mit denen diese alten Schleifen der Vergangenheit viel zu tun haben.

Was sind das für Geschichten, die immer wieder durch deine Tür kommen? Das kann beispielsweise eine Emotion wie Wut sein. Wenn du im Konflikt mit einer Person bist und bemerkst, du reagierst mit einer großen Wut auf diese Person, dann ist es deine Aufgabe zu schauen, was sind die wirklichen Auslöser für diese starke Emotion. Nicht nur der Nachbar selbst ist der Auslöser, sondern versuche, zu erkennen, was hat die Emotion wirklich ausgelöst.

Mögliche Fragen, die du dir stellen kannst, sind:

- Hast du diese Emotion zuvor schon einmal gespürt?
- Kennst du diese Situation, die dich so wütend, so machtlos, so ohnmächtig macht?
- Woher kennst du sie?
- Gab es eine solche Situation in deinem Leben bereits in einem anderen Zusammenhang?
- Ist es vielleicht eine Schleife, die du in deiner Vergangenheit auch so gefühlt und erlebt hast?
- Wie bist du damals mit dem Gefühl umgegangen, und was will es dir sagen?

Hier ist absolute Ehrlichkeit zu dir selbst nötig, denn wenn du sie nicht aufbringen kannst, wirst du dieselben Schleifen immer wieder erleben. Dazu ein gutes Beispiel aus dem Bereich der Beziehungen. Sehr oft höre ich in meinen Coachings Fragen wie: „Warum ziehe ich immer denselben Typ von unmöglichem Mann an?"

Komisch? Woran kann das denn liegen? Man sollte sich immer zuerst fragen: „Was hat das mit mir zu tun? Kann es vielleicht sein, dass es ein Muster gibt? Wo steckt etwas in meiner Geschichte, das dazu passt? Was will mir diese permanente Schleife sagen?"

Stell dir vor, du hast ein Ziel, das du erreichen möchtest. Beispielsweise möchtest du einen wunderbaren Mann in deinem Leben für eine positive, lebendige Beziehung haben. Möglicherweise stellst du dir folgende Fragen: „Was ist eigentlich, wenn die Männer mich nicht attraktiv genug finden? Warum ziehe ich immer die Männer an, die nicht gut für mich sind? Kann es sein, dass das dieses Mal wieder passiert? Was ist, wenn ich es überhaupt nicht wert bin, einen Menschen zu finden, der wirklich zu mir passt?"

Mit diesen Fragen verlässt du nun gedanklich eine positive Zukunft und auch die Gegenwart, und befindest dich zurück in der alten Vergangenheit.

Hier greift das Konzept "Denken, Machen, Fühlen" im negativen Sinn – du erinnerst dich sicher an das Konzept aus dem ersten Teil. Aus dem Gedanken erfolgt die Handlung, darauf folgt das Ergebnis, und mit dem Ergebnis kommt das Gefühl. Du bestätigst dich also in der negativen Denkweise selbst, befindest dich wieder in der Vergangenheit und kreierst immer dieselbe Schleife. Zumindest, wenn du diese nicht aktiv unterbrichst und stoppst.

Du solltest die Situation genau anschauen und dir in diesem Beispiel folgende Fragen stellen: „Was ist bei mir im Argen? Was geben mir diese Männer, was ich selbst nicht habe? Kann es sein, dass ich mir selbst nicht zutraue, geliebt zu werden? Ist es vielleicht das, was ich auch nach außen ausstrahle?"

"Denken, Machen, Fühlen" funktioniert aber auch in die positive Richtung. Angenommen, du schaffst es, zu sagen, ich bin es mir wert und ich verdiene eine lebendige Beziehung.

Ich schaue meine Themen genau an, und ich weiß, dass hier ein Selbstwertthema eine wichtige Rolle spielt, dann kreierst du damit eine neue positive Schleife. Und schon nutze ich "Denken, Machen, Fühlen" in die andere, die neue Richtung. Denn: Alte Geschichten führen immer wieder nur zu denselben alten Geschichten.

Der dritte Bereich ist der wichtigste, denn er bezieht sich sowohl auf die Gegenwart als auch auf Zukunft und hat als wesentlichen Punkt das Dranbleiben.

Du kannst Schleifen nur auflösen, wenn du sie nicht nur erkennst, sondern auch dranbleibst. Es geht dabei nicht um knallharte Disziplin, sondern vielmehr um Konsequenz. Konsequenz bedeutet, im Alltag deine Aufgaben zu erfüllen, jeden einzelnen Tag.

Es bedeutet immer aufs Neue Dinge zu tun, wie Dankbarkeiten zu betrachten, Erfolge anschauen, Gewohnheiten anzupassen, auf Achtsamkeit zu achten, Meditationen durchführen, Bewegung und Ernährung im Fokus zu behalten. Diese Basics sind essenziell, um es zu schaffen wirklich bei sich zu sein und langsam Schritt für Schritt Selbstwert und Selbstliebe aufzubauen. Dazu bedarf es eines klaren Systems, eines Trackings, das hilft, den Überblick zu behalten, denn nur so erkennst du Punkte, an denen eine Weiterarbeit nötig sein könnte.

Manchmal ist es natürlich auch unangenehm und anstrengend, sich mit diesen Themen zu beschäftigen, aber ohne Konsequenz wird es nicht funktionieren.

Manche Schleifen, nämlich solche, die wichtige Themen deines Lebens betreffen, wie etwa Selbstwert und Selbstliebe, werden nie ganz verschwinden und finden immer wieder eine neue Möglichkeit, in dein Leben zu kommen.

Allerdings passiert das mit der Zeit auf einem anderen Niveau und in anderen Facetten, denn du hast inzwischen dazu gelernt.

Was sich ändert, ist die Frequenz, also die Häufigkeit, mit der sie erscheinen. Anders sind auch die eigene emotionale Betroffenheit und die Schnelligkeit, mit der man sie auflösen kann. Übung und Wiederholung sind wichtige Elemente für deinen Erfolg, und ja und es wird immer "Höhen und Tiefen" geben.

Woran erkenne ich eigentlich, dass ich in einer Schleife bin? Hier spielt der bereits erwähnte Wachhund wiederum eine wesentliche Rolle. Seine klassischen Reaktionen heißen Attacke, Flucht und Ignoranz. Das bedeutet, wenn du in einer Situation besonders wütend bist, kannst du den Verursacher angreifen, aus der Situation fliehen, oder einfach alles ignorieren.

Also immer, wenn du sehr stark oder übertrieben auf etwas reagierst, kannst du sicher sein, da gibt es eine Schleife, die eine nähere Betrachtung wert ist.

Du siehst, es lohnt sich, immer wieder mal zu hinterfragen „was hat das jetzt mit mir zu tun", um immer klarer die eigenen Themen zu kennen, die Lichtthemen aber auch die Schattenthemen. Denn Klarheit in dir führt zu Klarheit in der Beziehung mit anderen. Und dem widmen wir uns in unserem Teil 3.

TEIL 3 Klarheit und Entscheidungen

Kommunikation und Klarheit

In diesem Kapitel geht es darum, zu erkennen, warum klare Kommunikation einerseits Angst machen kann, andererseits aber dem Selbstwert hilft.

"Es gehört immer etwas guter Wille dazu, selbst das Einfachste zu begreifen, selbst das Klarste zu verstehen."
(Marie von Ebner-Eschenbach)

Eine klare Kommunikation ist leider sehr selten, und trotzdem oder gerade deswegen macht es Sinn, sich darüber Gedanken zu machen. Obwohl wir vielleicht glauben, klar zu kommunizieren, ist dem nicht immer so. Warum? Weil wir es oftmals nicht gelernt haben.

Viele kennen bestimmt diese und ähnliche Aussagen: "Mädchen hört man besser nicht, sei ruhig, wenn die anderen reden, du hast doch keine Ahnung, warum machst du dich so wichtig, es interessiert doch niemanden, was du sagst" ….

Und selbst, wenn es nicht so extrem war, erfuhren wir sehr häufig, dass klare Kommunikation nicht gefragt war.

Was macht uns also Angst bei der klaren Kommunikation?

- Angst jemanden zu verletzen oder verletzt zu werden
- Angst vor Kontrollverlust oder Konflikten
- Angst vor Anerkennungsverlust
- Angst vor Versagen

Und wie immer bei Ängsten ist es wichtig, sich dazu einige Fragen zu stellen:

- Woher kommen diese Ängste?
- Kenne ich sie bereits aus früheren Situationen?
- Wie relevant sind diese Ängste heute noch für mich?
- Was könnte schlimmstenfalls *(worst case szenario)* passieren, wenn ich es dennoch wage?
- Wie wahrscheinlich ist es, dass diese Situation eintritt?
- Bin ich bereit dann die Konsequenzen zu tragen?
- Was könnte Positives passieren, wenn ich es riskiere?
- Wie wichtig ist mir mein Bedürfnis oder meine Meinung?
- In welcher Beziehung stehe ich zu meinem Gesprächspartner?

So oft denken wir die Gedanken der anderen. Er oder sie wird das und das denken. Meistens stimmt es nicht, sondern ist lediglich ein Konstrukt aus unserem eigenen Gedankenkarussell.

"Von daher rühren auch die meisten Streitigkeiten, indem die Menschen ihre Gedanken nicht richtig darstellen oder die Gedanken des andern falsch deuten."
(*Baruch de Spinoza*)

Tipps, wie du Klarheit in der Kommunikation schaffen kannst:

- Werde dir deiner Bedürfnisse bewusst und kenne klar deine Meinung! Nur wer sich selbst genau kennt und weiß was er will, kann dies auch kommunizieren.
- Überlege bewusst, wann du was kommunizieren möchtest und beginne zu unterscheiden, ob es um zielführende Kommunikation oder um das Recht haben geht.
- Übe die wertschätzende Kommunikation immer wieder, am besten auch in kleinen Dingen, jeden Tag. Möglichkeiten dazu gibt es genug. Dazu gehört beispielsweise immer in der Ich Form zu sprechen: Ich empfinde, ich fühle mich dabei, ich denke. Bewertungen und Urteile oder der "Ich habe die Wahrheit" Ton sollten dabei vermieden werden.
- Stelle fest, dass die Gedanken des anderen gar nicht so schlimm sind, wie du dachtest. Falls doch, kannst du dich mit dem Thema Abgrenzung beschäftigen.

Im nächsten Kapitel kannst du dich noch mehr mit dem Thema Klarheit beschäftigen und auch ein wenig schmunzeln, denn es hat etwas mit dem Putzen zu tun.

Einmal Fenster putzen bitte!

Liebst du es, Fenster zu putzen oder ist das eher nicht so "dein Ding"? Egal, vermutlich hast du das eine oder andere Mal deine Fenster geputzt, oder? Und vor allem bist du wahrscheinlich schon an einem schönen Sommertag, wenn die Sonne so richtig durch dein Fenster schien, daran vorüber gegangen, und hast festgestellt, ups, dieses Fenster sollte dringend einmal wieder geputzt werden.

Was passiert, wenn du in diesem Moment den Lappen in die Hand nehmen und das Fenster putzen würdest? Wenn die Sonne eine halbe Stunde später wieder hineinscheint, und du den blauen Himmel klarsehen könntest? Auf jeden Fall, ein gutes Gefühl! Und ich meine damit nicht das gute Gefühl, das Fenster geputzt zu haben, sondern ich meine das wunderbare Gefühl der Klarheit. Der Blick auf den Himmel, die Straße oder die Natur.

Und genau wie beim Fensterputzen ist es sehr häufig so, dass wir in unserem stressigen Alltag, bei all den Aufgaben, die wir haben, unsere eigene Klarheit verlieren. Wir schauen immer durch ein trübes, teils verschmutztes Fenster und merken es gar nicht mehr. Und wenn die Sonne hineinscheint, sehen wir vielleicht, dass das Putzen nötig wäre, tun es aber nicht, weil es aktuell keine Priorität hat. Warum? Weil uns oft unsere tiefen Strukturen davon abhalten, den "Schmutz" wirklich zu entfernen.

Was passiert jedoch, wenn ich es zu meiner Priorität mache, immer wieder Klarheit für mich zu bekommen? Wenn ich permanent schaue, was meine Gedanken, meine täglichen Handlungen und meine aktuellen Gefühle bedeuten?

- Klarheit verschafft Durchblick.
- Klarheit verschafft Fokus und Energie.
- Klarheit verschafft Ruhe und innere Stärke.

Es lohnt sich, diese Zeit zu investieren, immer wieder die Klarheit in sich selbst zu suchen und sich folgende Fragen zu stellen:

- Ist das, was ich gerade tue/denke/fühle, gut für mich?
- Was wäre besser für mich?
- Wo bin ich nicht klar in meinen Gedanken?

Deswegen hier meine Tipps für mehr Klarheit im Alltag:

- Nimm dir jeden Tag abends zehn Minuten Zeit, am besten in Verbindung mit dem Aufschreiben der Dankbarkeiten. Beispielsweise kann man, wenn die Kinder im Bett sind, die Erlebnisse des Tages Revue passieren lassen und die Aufgaben des nächsten Tages strukturieren. Das gibt Klarheit und Struktur und nimmt dir den Druck des "Eigentlich muss ich ja noch" Gedanken-Karussells.
- Versuche viermal am Tag eine Achtsamkeitsminute zu machen. Das bedeutet inne zu halten, tief in deinen Bauch einzuatmen und einfach nur in dem Moment zu sein.
- Nimm dir einmal in der Woche 30 Minuten Zeit für einen kleine Status Quo und eine Planung. In dieser Zeit schaust du dir die vergangene Woche an:
  o Was lief gut und was war weniger optimal?
  o Was habe ich dadurch gelernt?
  o Was steht nächste Woche an?
  o Wie sind dabei meine Prioritäten?
  o Wie verliefen deine verschiedenen Lebensbereiche (Gesundheit, Familie, Beziehung, Job, Finanzen, Freizeit, Freunde) in dieser Woche?
  o Was fühlte sich gut an, was nicht?
  o Wo warst du richtig klar in deinen Gedanken und Gefühlen und wo weniger?
  o Wie waren deine Gefühle?

Du wirst, sehen, wenn du dir diese wenige Minuten nimmst, wirst du bereits deutlich mehr Klarheit für dich, deine Gedanken und deine Gefühle haben. Du kannst etwas verändern, und du darfst es dir auch erlauben. An die Lappen für mehr Klarheit, denn dann findest du vielleicht sogar die Nadel im Heuhaufen.

Die Nadel im Heuhaufen

Du kennst sicher den Ausdruck "Das ist ja wie die Nadel im Heuhaufen suchen", oder? In diesem Kapitel schauen wir, was im Rahmen der Persönlichkeitsentwicklung damit gemeint ist und warum dich das interessieren sollte. Außerdem bekommst du am Ende zwei wichtige Aufgaben.

Meistens wird der Spruch genutzt, weil wir ein wirkliches oder auch kreiertes Problem als so komplex einstufen, dass wir es erst gar nicht angehen wollen. Es geht aber auch umgekehrt. Es könnte ja auch ein Potential in dem Nadelhaufen stecken, welches wir nicht suchen und somit auch nicht finden können? Beides ist möglich.

Ich suche gerne Potentiale, und wenn ich dabei auf Probleme stoße, dann lösen wir sie auf. Genau darum geht es mir. Es gibt so viele Menschen, die leben mit einem riesigen Heuhaufen und dabei wissen die Wenigsten, dass die Nadel da ist, und diejenigen die es wissen, machen sich nicht auf die Suche, da der Berg einfach so groß ist und die Aufgabe unlösbar scheint.

Und nun komme ich dabei in das (Heu)-Spiel. Ich bin Expertin für Heuhaufen, ich habe nicht nur so viele Heuhaufen, in den verschiedensten Facetten, in meinen Leben selbst erlebt, sondern ich habe auch in unzähligen Trainings die verschiedensten Heuhaufen kennen und schätzen gelernt. Manche waren so groß und so verholzt, dass es anfangs sogar schwer war, überhaupt den Heuhaufen zu erkennen, geschweige denn, darin eine Nadel zu vermuten.

Genau darin sehe ich meine Aufgabe: Ich helfe dir, zu verstehen, dass jeder eine Nadel besitzt, ein Potential, das vielleicht einfach nur ein wenig nach hinten verschoben oder begraben wurde, oder etwas, das nur neu entdeckt werden möchte. Meistens ist die Nadel im Laufe der Jahre immer weiter verschüttet worden, durch Schule, Ausbildung, Job, Kinder und Verpflichtungen.

Es war keine Zeit mehr, überhaupt wahrzunehmen, dass das eigene selbstbewusste Wesen immer mehr in den Hintergrund geriet.

Aber dieses Wesen ist es, das uns Energie gibt, das uns strahlen lässt und uns die Kraft für andere da zu sein überhaupt erst gibt. Es ist Zeit, dies langsam wieder ins eigene Leben zu holen.

Wir haben ein wunderbares Leben, voller Freude und Zuversicht, sollten wir es dann nicht auch in Leichtigkeit genießen können? Sollten wir nicht selbstbewusst mit Ausstrahlung und Selbstvertrauen durch das Leben gehen? Das funktioniert aber nur, wenn wir uns bewusst werden, wer wir eigentlich sind, welche Talente wir haben und welches Potential in uns schlummert.

Und dann, wenn die Nadel erkannt wurde, räumen wir langsam den Heuhaufen beiseite, Stück für Stück und Schritt für Schritt und erfreuen uns daran, dass es vorangeht. Für mich ist es das Größte, diese Energie aufzuwecken, dieses Gefühl etwas verändern zu können und die immer steigende Zuversicht.

Klappt das immer alles auf einmal und schnell? Nein, natürlich nicht, sonst wäre es ja auch keine Nadel im Heuhaufen, sondern eher eine Nadel, die groß und deutlich auf dem Küchentisch liegt und die jeder finden könnte.

Es bedarf Zeit, vieler Übungen und jemand an deiner Seite, der sich nicht nur mit Heuhaufen und mit Nadeln auskennt, sondern der dich versteht, deine Scheune, dein Feld, deinen Heuhaufen und der einen Blick dafür hat, wie deine Nadel aussehen könnte.

Wir haben alles, können alles, können selbst entscheiden, was wir tun und lassen und mehr oder weniger alles ist erlaubt, richtig?

Doch nicht alles, was erlaubt ist, ist auch gut für dich und andere. Ist es langfristig gut für dich, ist es gesund, hilft es dir und anderen die Welt "besser" zu machen? Oder macht es dir eher Sorgen? Vielleicht fühlst du dich sogar von deinen Gewohnheiten beherrscht? Und davon gibt es viele, denn auch Alltagsgifte wie Alkohol, Zigaretten, Süßigkeiten oder Handys, Fernsehen etc. gehören dazu. Also wie steht es um deine Gewohnheiten? Schau doch einmal genau hin und prüfe, welche positiv und gesund sind. Welche bringen dich und somit vielleicht auch andere vorwärts? WAS ist GUT FÜR DICH?

Welche dagegen sind negativ, welche schaden dir, egal ob kurz oder langfristig? Und welche sind einfach nur sinnlos, schlecht für dich oder halten dich in irgendeiner Weise zurück bzw. gefangen in alten Mustern?

Wie wäre es, von heute an zwei Dinge zu tun:

1. Positive Gewohnheiten jeden Tag mehr integrieren und maximieren
2. Negative Gewohnheiten direkt weglassen oder reduzieren.

Was wirst du von heute an nicht mehr tun? Du hast es selbst in der Hand! Erinnerst du dich an diese Themen vielleicht aus dem ersten Teil? Warum wiederhole ich das? Weil Wiederholung der berühmte „stete Tropfen" ist, der „den Stein höhlt". Und mal ehrlich, was hast du bereits für Gewohnheiten geändert, seitdem du das Buch angefangen hast zu lesen?

Hast du vielleicht sogar schon mit einem anderen Menschen über deine neuen Gewohnheiten gesprochen? Wer war das, ist er schon lange im „Zug deines Lebens"?

Der Zug des Lebens

In diesem Kapitel geht es um eine um eine wunderbare Metapher, in der das Leben mit einer Zugreise mit Stationen, Umwegen und Mitreisenden verglichen wird. Wir betrachten die Menschen in deinem Zug und überlegen, was Energiegeber und Energieräuber sind.

Der Zug des Lebens ist eine "alte Geschichte", und ehrlich gesagt, weiß ich nicht, wer sie geschrieben hat, aber ich möchte sie gerne mit dir teilen. Bestimmt kennen sie einige schon, dennoch sie ist JEDES Mal das Lesen wert.

Es geht los! Der Zug des Lebens, deine Reise startet! Das Leben ist wie eine Reise mit dem Zug, die mit der Geburt beginnt und mit dem Tod endet. Wenn wir geboren werden und in den Zug einsteigen, treffen wir Menschen, von denen wir glauben, dass sie uns während der ganzen Reise begleiten werden: Unsere Eltern. Leider ist die Wahrheit eine andere. Sie steigen irgendwann aus und lassen uns, ohne ihre Liebe und Zuneigung, ohne ihre Freundschaft und Gesellschaft zurück.

Viele Menschen begegnen uns in dieser Zeit und begleiten uns eine kürzere oder längere Strecke. Einige davon sind sehr wichtig. Es sind unsere Geschwister, unsere Freunde und die Menschen, die wir lieben lernen. Manche steigen aus, andere dafür ein. Manchmal gibt es glückliche Momente und angenehme Überraschungen, aber natürlich passieren auch Unfälle und traurige Ereignisse.

Einige Personen, die einsteigen, betrachten die Reise als kleinen, lockeren Spaziergang. Andere dagegen finden oft nur Traurigkeit auf ihrer Fahrt durch das Leben. Manche Mitfahrer im Zug sind immer da und bereit, allen zu helfen, die Hilfe brauchen. Einige hinterlassen beim Aussteigen eine immerwährende Sehnsucht und können uns dadurch in tiefe seelische Not stürzen. Andere wiederum steigen ein und aus, ohne, dass wir sie wirklich bemerken oder sie eine besondere Bedeutung für uns erlangen.

Es erstaunt uns, dass manche Passagiere, die wir am liebsten haben, sich in einen anderen Wagon setzen und uns die Reise allein fortführen lassen. Selbstverständlich lassen wir uns nicht davon abhalten, die Mühsal auf uns zu nehmen, sie zu suchen und uns zu ihrem Wagon durchzukämpfen. Leider können wir uns dann doch nicht zu ihnen setzen, da der Platz an ihrer Seite schon besetzt ist.

So ist das Leben. Voll von Herausforderungen, Träumen, Fantasien, Hoffnungen und Abschieden, aber ohne Wiederkehr. Machen wir die Reise durch das Leben, so gut, wie wir es können. Versuchen wir mit allen im Zug auszukommen, und sehen wir in jedem von ihnen das Beste. Erinnern wir uns daran, dass in jedem Abschnitt der Strecke einer der Mitreisenden möglicherweise unser Verständnis und unsere Hilfe braucht. Auch wir können ins Schwanken kommen, und hoffen dann, es wird jemand da sein, der uns versteht.

Ich empfinde es als wichtig, tröstlich, schmerzhaft, aber gleichzeitig auch wunderschön, immer wieder einmal zu beobachten, ohne zu bewerten, wer unsere Reise des Lebens begleitet. Manche Menschen im Zug des Lebens geben dir eindeutig Energie, andere sind dagegen Energiefresser oder -räuber. Woran kannst du das erkennen? Und ist das immer so einfach zu unterscheiden?

Was sind denn nun Energiegeber? Eigentlich kann es jeder und alles sein, sowohl Menschen als auch Momente, Erlebnisse, Taten oder Gedanken. Kurz gesagt, alles, was dir das gute Gefühl gibt, dass du Energie bekommst. Hier ein paar Beispiele, die natürlich individuell verschieden und erweiterbar sind:

- ein gutes, gesundes Essen
- ein lieber Mensch, der dich unterstützt
- ein Spaziergang in der Natur
- eine Massage
- positive Gedanken
- Gartenarbeit
- ein Telefonat mit lieben Menschen
- eine Meditation

- ein Sonnenstrahl
- Zukunftsplanung
- dein Haustier
- ....

Was sind Energiefresser? Klar, Menschen oder Tätigkeiten, die dir deine Energie nehmen, die dich anstrengen und müde machen.

- Menschen, die deine Energie von dir abziehen
- manche Arbeiten im Job
- manche Verpflichtungen
- verschiedene tägliche Arbeiten
- "falsche" Freunde
- Sorgen und negative Gedanken

Können Menschen auch beides sein? JA! Jeder Mensch ist letztendlich Geber und Nehmer. Denken wir nur einmal an die Kinder. Dennoch ist es wichtig, zu versuchen, eine Bilanz zu ziehen und zu schauen, auf welche Seite die Waage ausschlägt und zu überlegen, was letztlich überwiegt.

Und dann? Dann gilt es das, was deinem Leben Energie gibt, zu maximieren und das zu reduzieren, was dir deine Energie nimmt. Das ist zwar nicht immer einfach, aber es ist auch ein wunderbarer Prozess des Wachstums und der Reifung von echt guten Beziehungen.

Manchmal sitzen wir auch einfach nur in der Wartehalle des Lebens und wissen gar nicht, wie uns geschieht. Diese Halle sollte aber nicht mit dem Abstellgleis verwechselt werden. Nein, sie ist der Moment, an dem wir innehalten. Es ist der Moment, an dem wir zu uns kommen und uns die wichtigen Fragen des Lebens stellen.

Und welche Fragen sind hier gemeint?

- Wer bin ich wirklich und wer möchte ich sein?
- Wohin möchte ich überhaupt und warum?

- Woher komme ich und was hat das mit meinen Zielen zu tun?
- Was möchte ich in meinem Leben erreichen? Welcher Zug bringt mich dorthin?
- Welche Menschen und Aktionen helfen mir dabei? Welche sind eher bremsend?

Genau diese Fragen sind relevant, wenn es darum geht, deine Energie einzusetzen, um den richtigen Zug zumindest für die nächste Etappe zu finden und die Menschen, die dich dabei begleiten werden.

Das große Mysterium der Reise ist, dass wir nicht wissen, wann wir endgültig aussteigen werden und genauso wenig, wann unsere Mitreisenden den Zug verlassen, nicht einmal von denen, die direkt neben uns sitzen.

Ich werde wehmütig sein, wenn ich daran denke, für immer aus dem Zug aussteigen zu müssen. Ich glaube, die Trennung von einigen Freunden, die ich während der Reise traf, wird sehr wehtun. Mein Kind allein zu lassen, wird mich ebenfalls sehr traurig machen. Aber ich habe die Hoffnung, dass irgendwann der Zentralbahnhof kommt. Dann werde ich alle ankommen sehen, mit Gepäck, das sie beim Einsteigen noch nicht hatten. Das wird mich froh stimmen. Was mich glücklich machen wird, ist der Gedanke, dass ich mitgeholfen habe, ihr Gepäck zu vermehren, und ich die richtigen Inhalte hinein getan habe. Achten wir darauf, dass wir eine gute Reise haben und sich die Mühe am Ende gelohnt hat. Versuchen wir, beim Aussteigen einen leeren Sitz zurückzulassen, der Sehnsucht und schöne Erinnerungen bei den Weiterreisenden auslöst. Und wie immer ist es unsere Entscheidung.

Die tägliche Entscheidung

Du musst täglich eine Unmenge an Entscheidungen treffen. Manche passieren komplett unbewusst, manche aber sind bewusst.

Ist das immer leicht? Sicher nicht! Es gibt wichtige, weniger wichtige und eigentlich unwichtige Entscheidungen, und manchmal finden sie auch unbewusst statt. In diesem Kapitel geht es darum, zu erkennen, dass du immer eine Möglichkeit hast, dich stets aufs Neue zu entscheiden, zu verändern, zu wachsen und positiv nach vorne zu blicken.

Immer wenn wir uns entscheiden, entscheiden wir nicht nur diese eine Kleinigkeit, sondern meistens treffen wir mehrere Entscheidungen, die sich wie fallende „Dominosteine" verhalten, die dann einer nach dem anderen folgen. Deswegen ist es so wichtig, immer wieder zu schauen, wo treffe ich eventuell keine Entscheidung oder eine weniger gute für mein Wohlbefinden. Und jedes Mal können wir auch die großen Gemütszustände dahinter neu beleuchten.

Wofür entscheidest du dich?

- **Liebe oder Angst**
  Liebe bedeutet, du denkst in Lösungen, in Vertrauen, Zuversicht und Dankbarkeit. Angst dagegen heißt, du denkst in Problemen, im Misstrauen und in Zweifeln.
- **Freude oder Stolz**
  Es macht einen großen Unterschied, ob du ehrliche Freude zeigst, dir selbst oder anderen gegenüber und für das, was du tust lebst oder eher nur dein Ego befriedigst, dich über andere Menschen stellst, um so irgendwie zu (falscher?) Anerkennung zu gelangen.
- **Friede oder Sorge**
  Wer kann sein Leben durch Sorgen nur um einen Tag verlängern? Wie wäre es stattdessen mit Zuversicht,

Vertrauen in dich und deine Talente in jeden Tag zu gehen? Ich weiß das klingt etwas hart, wenn deine Um-
stände dich zu erdrücken scheinen, dennoch wirst du es
schaffen, durch positive Gedanken und Zuversicht deinen Weg zu gehen, anstatt in Zweifeln unterzugehen.

- **Redlichkeit und Güte oder Geiz und Neid**
  Bist du im "Geiz ist geil Modus" oder wertschätzt du
  die Leistung anderer? Bist du im "Geber oder im Nehmer Modus" unterwegs? Gönnst du anderen wohlwol-
  lend ihren Erfolg, Besitz, oder bist du neidisch? Kannst
  du dir vorstellen, dass das Leben und das Universum
  VOLL ist - also das "Prinzip der Fülle" herrscht, oder
  hast du Angst, dass dir jemand etwas wegnehmen
  könnte? Auch das kann über deine Attraktivität entscheiden und darüber, ob die Menschen deine Nähe suchen.

- **Sanftmut oder Zorn**
  Es macht keinen Unterschied, ob du zornig über dich o-
  der über andere bist. Im Zorn findest du keine Ruhe,
  denn im Sanftmut liegt die Kraft. Auch wenn es manchmal nicht leicht ist, viele Entspannungsübungen und
  Meditationen können dabei helfen.

- **Geduld oder Trägheit**
  Bist du geduldig in der Erwartung deiner Ernte, oder
  wirst du schnell träge beim Verteilen deines Samens,
  wenn die Ernte einmal auf sich warten lässt. Bleibst du
  dran?

Diese Entscheidungen sind manchmal nicht leicht, und es läuft
auch danach nicht immer alles sofort, schnell und gut. Oft sehen wir
die Ergebnisse unserer Bemühungen nicht direkt, aber mit der Zeit
werden wir sie spüren, und es ist unsere Aufgabe, darauf zu vertrauen und einfach weiterzugehen.

Ein wenig ist es so, als ob du an einem Bach stehen würdest. Du möchtest natürlich am liebsten trockenen Fußes auf die andere Seite kommen, aber es führt weder ein Weg daran vorbei, noch eine Brücke darüber.

Du beschließt deswegen, Steine an eine bestimmte Stelle direkt in die Mitte des Baches zu werfen. Sie gehen gleich unter, und du siehst sie nicht mehr. Trotzdem fährst du fort und wirfst Stein für Stein immer an dieselbe Stelle. Du siehst aber keinerlei Ergebnis, und nach einer Weile könntest du ja eigentlich aufhören, ABER du glaubst daran, dass dein Vorgehen einen Sinn hat und dich ans Ziel bringen wird.

Du strengst dich also an und wirfst immer weiter. Auch wenn du schon müde bist, bleibst du voller Vertrauen, und schließlich siehst du unter der Oberfläche etwas schimmern. Sind das etwa die Steine? Nach ein paar Momenten durchbricht der erste Stein die Oberfläche. Du hast mit deiner Geduld und deinem Weitermachen einen Unterwasserberg aus Steinen erschaffen, der dir, wenn er hoch genug ist, die Möglichkeit gibt, den Bach leichter zu überwinden.

Was müsstest du also nur tun? Einfach weitermachen! Es ist nicht genug zu wollen, man muss auch tun! Was ist aber, wenn ich diese kleine Entscheidung ganz weglasse? Diesen Zahn kann ich dir direkt ziehen. Es gibt keine Nicht-Entscheidung. Wenn wir uns gar nicht entscheiden, dann entscheiden wir uns nur anders, oder wir lassen es zu, dass ein anderer über uns entscheidet. Also vergessen wir das gleich wieder mit der Nicht-Entscheidung. Wir entscheiden uns in jedem Fall, entweder für etwas, was uns vorwärtsbringt oder für etwas, das uns nicht unbedingt vorwärtsbringt oder dafür, dass andere es für uns tun.

Also wenn ich am Bach stehe und denke: „Puh, das bringt ja eh nichts, das ist mir jetzt wirklich zu anstrengend, ich mache lieber eine Pause", dann entscheide ich mich dafür, nicht weiterzumachen. Es kann also sein, dass ich einfach nur die Zeit verlängere, um an mein gewünschtes Ziel, das andere Ufer, zu kommen. Es kann aber auch sein, dass ich die Entscheidung abgebe, denn vielleicht machen gerade diese 10 Minuten einen großen Unterschied, weil in dieser Zeit Regen einsetzt, der Bach ein wenig mehr Strömung bekommt und somit die Steine nicht mehr so guten Halt am Boden haben. Wer weiß das schon, denn das Leben gibt dir in der Sekunde, in der du die kleine Entscheidung fällst, kein Feedback. Das Leben gibt erst Feedback auf Kontinuität.

Ein anderes Beispiel ist nicht weniger interessant. Stell dir mal folgende Gedankengänge vor: Ich habe ein Buch geschrieben, aber ich bin es einfach leid, ständig Verlage anzuschreiben und es anzubieten. So viele habe ich schon kontaktiert, und trotzdem kam bisher noch nie eine positive Rückmeldung. Also kann ich es heute auch einmal lassen, denn der Verlag ist sicher morgen auch noch da. Ich entscheide mich also dagegen, heute diesen Verlag anzuschreiben. Was passiert?

Es kann sein, dass ich einfach am nächsten Tag das Ganze wiederhole, und alles ist gut. Es wäre aber auch möglich, dass genau in diesem Verlag eine Mitarbeiterin sitzt, die ein unglaublich gutes Gefühl für Bücher hat, die aber am nächsten Tag in Urlaub ist.

Es könnte auch sein, dass diese Redakteurin an diesem Tag ein anderes Manuskript von einem weniger talentierten Autor bekommt, da sie aber gerade einen guten Tag hat, entscheidet sie sich für dieses Manuskript. Wirst du davon erfahren? Vielleicht ja, vielleicht nein, das Leben gibt wie gesagt nicht immer Feedback auf die kleinen Entscheidungen. Das Leben gibt erst Feedback auf Kontinuität.

Und dann war da noch "Die Macht der Quote" besagt, dass bei zehnmal "Nein" auch ein "Ja" herauskommt. Das wirft die folgenden Fragen auf:

Wenn ich aber schon bei dreimal "Nein" aufgehört habe, wie kann ich dann das eine "Ja" erreichen? Macht es immer Spaß, sich ein "Nein" einzuhandeln? Natürlich nicht, aber wir können uns daraus auch einen Spaß machen. Denn wenn ich sicher bin, dass bei zehnmal "Nein" auch ein "Ja" dabei sein muss, dann kann ich mich bei jedem "Nein" diebisch freuen. Ich kann durch die Gegend hüpfen und das "Nein" richtig feiern. Voller Vorfreude kann ich ausgelassen sein, weil ich weiß, jetzt fehlt nur noch wenig, bis auf jeden Fall ein "Ja" kommt.

Die Personen in unseren Geschichten trafen eine Entscheidung, tatsächlich aber nicht nur EINE Entscheidung, sondern gleich mehrere. Sie fassten einen Entschluss (z.B. sie wollten auf die andere Seite des Baches oder eine erfolgreiche Autorin werden), und hatten ein Ziel (das andere Ufer trocken zu erreichen oder das erste Buch zu veröffentlichen). Dieses Ziel wurde verfolgt, und sie glaubten daran, es auch erreichen zu können. Sie hatten den festen Willen, es zu schaffen. Und was folgte darauf?

Dann kamen die kleinen Entscheidungen der Umsetzung und des Dranbleibens. Bei jedem Stein, der im Bach landete, war eine kleine Entscheidung der Auslöser, bei jeder Anfrage bei einem Verlag, lag eine Entscheidung dahinter, aber genau darin liegt das Geheimnis.

Es sind die kleinen Entscheidungen, die den Unterschied machen, denn sie sind es, die genauso einfach weggelassen werden könnten. Was meine ich damit? Es ist sehr einfach, noch einen Stein zu werfen oder noch einen Verlag anzuschreiben, wenn ich schon weiß, wie es geht, aber es ist noch einfacher, dies nicht zu tun.

Das andere Ufer wird nicht plötzlich verschwinden, wenn ich keinen Stein mehr werfe, und ich werde nicht mein Buch für immer verlieren, wenn ich den einen Verlag nicht anschreibe. Und je mehr ich mich darauf freue und voller Zuversicht fest daran glaube, desto sicherer ist es auch, dass es passieren wird.

Warum? Weil ich mit einer anderen Einstellung durch das Leben gehe, weil ich positiv und offen auf Menschen zugehe, Chancen erblicke und diese auch ergreife. Und schon kommt die Zustimmung von allein. Das Leben gibt eben erst Feedback auf Kontinuität, und Kontinuität bedeutet einfach ehrliches Dranbleiben, auch wenn es schwierig wird. Daran glauben und weitermachen, Rückschritte feiern und weitermachen und sicher sein, dass der Erfolg kommen wird.

Um diesen Ansatz "Das Leben gibt nicht direkt Feedback" genauer zu durchleuchten, habe ich wieder eine Geschichte für euch.

Ich weiß nicht, ob jemand den Film *"Sliding Doors"* mit *Gwyneth Paltrow* gesehen hat. Er ist an sich kein Wunderwerk, aber die Idee dahinter finde ich interessant.

Die Frau im Film lebt ein, wie wir sagen würden, normales Leben. Sie hat einen guten, aber stressigen Job und einen Partner, mit dem sie mehr oder weniger glücklich ist. Sie hat wenig Zeit für sich selbst, und ihr Leben zieht so dahin. An einem Punkt spaltet sich der Film in zwei Teile:

In einem Teil kommt die Frau am Ende eines Bürotages zur U-Bahn. Die Türen schließen sich in der gleichen Sekunde, in der sie einsteigen möchte und gehen nicht mehr auf. Sie muss also auf die nächste U-Bahn warten, und ihr Leben geht weiter wie bisher. Im anderen Teil, dem Hauptteil des Films, dieses Mal erwischt sie in letzter Sekunde die U-Bahn und schafft es einzusteigen. So kommt sie zehn Minuten früher als geplant zuhause an. Dadurch ertappt sie ihren Freund mit einer anderen Frau, und in der Folge steht ihr ganzes Leben auf dem Kopf.

Zuerst Wut, Trauer und Verzweiflung, aber dann auch Loslassen, Neubeginn und ungeahnte Möglichkeiten durchziehen diesen Teil des Filmes. Eine neue Frisur, neue Erfahrungen, neue Menschen, neuer Job, ihr Leben wird ein komplett anderes. Und alles nur wegen einer Sekunde. Wie der Film ausgeht? Schaut ihn euch selbst an. Mir ging es mehr darum, zu zeigen, was ein kleiner Moment für Unterschiede machen kann. Und das können wir auch in unserem Alltag immer wieder bemerken, vor allem dann, wenn wir mit Unsicherheit konfrontiert sind.

Mit Unsicherheit umgehen

In diesem Kapitel möchte ich das Thema "Wer bin ich in Zeiten von Unsicherheit?" von einer anderen Seite beleuchten. Ich gebe dir Tipps, wie du auch in schweren Zeiten einen klaren Kopf und ein offenes Herz bewahren kannst.

Die Unsicherheit ist Teil unseres Lebens, denn es passieren immer wieder Dinge, die uns Angst machen. Daraus entspringen die Fragen:

- Wer sind wir? Weißt du genau, wer du bist und was dich ausmacht?
- Wie handeln wir in einer Situation, die uns Angst macht?
- Wie können wir damit umgehen?

Ich möchte dir dazu wieder eine Geschichte erzählen: Die echte Identität

Ein Geschäftsmann aus New York City eilte an einem winterlichen Morgen auf dem Weg zur Arbeit zur U-Bahn. Aus den Augenwinkeln sah er einen Bettler auf dem Bahnsteig sitzen, der einen Becher Bleistifte in seinen Händen hielt. Ohne viel nachzudenken, holte er schnell etwas Geld aus seiner Brieftasche und legte die Scheine in die Schale des Bettlers, bevor er in die Bahn einstieg.

Kurz bevor sich die Wagentüren schlossen, sprang der Geschäftsmann zurück auf den Bahnsteig und nahm mehrere Stifte aus dem Becher des Bettlers.

Er entschuldigte sich bei dem Bettler und erklärte ihm, er habe in seiner Eile versäumt, die gekauften Stifte mitzunehmen.

„Schließlich", sagte er lächelnd, „sind Sie ein Geschäftsmann genau wie ich. Sie verkaufen Waren, und Ihre Preise sind fair." Danach stieg er in die nächste Bahn und ging seiner Wege.

Bei einem gesellschaftlichen Ereignis einige Monate später kam ein gut gekleideter Händler auf diesen Geschäftsmann zu und stellte sich vor: „Sie erinnern sich wahrscheinlich nicht an mich, und ich kenne Ihren Namen nicht, aber ich werde Sie nie vergessen! Sie sind der Mann, der mir meine Selbstachtung zurückgegeben hat. Ich war ein Bettler, der Bleistifte verkaufte, bis Sie meines Weges kamen und mir sagten, ich sei ein Geschäftsmann."

(Aus dem Buch "Die Revolution der Gnade" von Joseph Prince)

Also, was ist deine aktuelle Antwort auf die Frage „Wer bist du?" Eine spannende Frage, die direkt damit zusammenhängt, „Wie gehe ich in Zeiten der Unsicherheit mit mir und meinen Mitmenschen um?"

Natürlich ist es nicht immer einfach, dies zusammenzubringen. Manchmal ist es aber gar nicht so schlecht ein paar kleine Dinge im Alltag einzuführen, und schon können wir besser mit Unsicherheit umgehen. Deshalb möchte ich dir folgende Tipps für einen klaren Verstand und ein offenes Herz mitgeben:

- Verzögerte Reaktion

Wenn aufgrund einer Information, die du erhältst Emotionen in dir aufsteigen, atme erst mal durch. Lass ein paar Stunden vergehen und beobachte dann, woher deine Emotion genau kommt, und ob eine Reaktion wirklich nötig ist. Wenn du dann reagierst, dann bleibst du in der Kommunikation wertschätzend und aufgeschlossen.

- Informations-Detox

Verzichte partiell oder tageweise ganz auf Informationen aus den sozialen Medien und auch aus den Medien generell. Du kannst dies durch informationsfreie Tage oder Stunden umsetzen. Versuche, vor allem am Abend, mindestens eine Stunde vor dem Schlafengehen Handy oder Fernseher wegzulassen.

- Achtsamer Alltag

Wende jeden Tag, wenn möglich mehrfach, Achtsamkeitsübungen und/oder Entspannungstechniken an. Am besten wäre es, zweimal täglich zu meditieren und dazwischen Achtsamkeitsminuten einzulegen, die dich immer wieder erden und dir helfen, deinen Stress abzubauen. Achte auf Bewegung, gesunde Ernährung, frische Luft und positive Menschen in deinem Umfeld.

Gemeinsam können wir so viel schaffen, auch wenn gerade alles schwierig erscheint! Wir können jeden Tag gemeinsam zuversichtlich sein. Wenn wir zuversichtlich sind, dann können wir besser mit anderen Menschen umgehen.

Oftmals sind unsere Beziehungen sehr belastet aufgrund unserer eigenen Unsicherheit. Deswegen werden wir uns nun im nächsten Teil genauer mit unseren Gedanken beschäftigen, aber auch mit dem Thema Abgrenzung und Achtsamkeit im Umgang mit anderen.

TEIL 4 Abgrenzung und Gedankenkarusell

Darf ich bitten?

Das Thema "Distanz und Nähe", welches wir bereits im ersten Teil betrachtet haben, ist auch in diesem Kapitel präsent, denn es geht auch hier um die Abgrenzung von anderen. Außerdem gebe ich dir Tipps und Fragen, die dir zu positiven Erfahrungen auf der "Tanzfläche des Lebens" verhelfen sollen.

Alle Menschen tanzen gerne? Allen Menschen macht es Freude, sich ekstatisch nach der Musik zu bewegen? Nicht ganz, oder?

Egal, ob zu Hause oder in den Diskotheken, es gibt immer diejenigen, die als Erste die Tanzfläche stürmen, und diejenigen, die lieber an der Bar stehen, am Getränk nippen und einfach nur zuschauen wollen.

Es ist natürlich nicht das Ziel zu bewerten, was denn besser sei, denn es geht niemals um Bewertungen. Wir alle sind unterschiedlich und haben das Recht darauf, eine eigene Wahl zu treffen. Wir können entscheiden, wann wir unseren Körper rhythmisch bewegen wollen und wann nicht. Da wir uns grundsätzlich die Menschen aussuchen, die unsere Gedanken bestätigen, findet sich auch immer ein Partner, sowohl für das eine als auch für das andere.

Viele Menschen sagen, dass das Tanzen sie glücklich macht und sowohl ihre Lebensqualität als auch ihr Selbstbewusstsein verbessert. Es werden dabei Endorphine ausgeschüttet, der Stress wird reduziert und das Immunsystem gestärkt. Musik und Bewegung helfen Emotionen fließen zu lassen, egal ob Wut, Traurigkeit, Freude oder Sehnsucht und Leidenschaft. Beim Tanz geht es um Regeln, um Nähe und Distanz, um Abgrenzung, um das Einstehen für die eigenen Bedürfnisse, um wertschätzende Kommunikation und um das Eingehen auf den Partner.

Ich möchte den Fokus hier auf die Regeln legen und fragen, was bedeutet es, beim Tanzen Regeln zu haben und diese einzuhalten?

- Welche Musik ist das, welcher Rhythmus?
- Welchen Tanz wählen wir dazu?
- Welche/n Partner/in habe ich?
- Darf der Tanzpartner gewechselt werden, und wenn ja wann?
- Wie eng darf die Tanzhaltung sein? Wie viel Raum dazwischen ist nötig?
- Welche Figuren dürfen getanzt werden, welche nicht?
- Was muss noch geübt werden, was ist schon Routine?

Alles sehr interessante Regeln, die meist im Hintergrund ablaufen, ohne dass dazu besondere Kommunikation nötig wäre. Nur wenn etwas nicht passt, dann ist es an der Zeit, hinzuschauen, offen zu sprechen, an welchen Punkten die eine oder andere Regel vielleicht anders wahrgenommen wird. Eben wie im echten Leben, oder?

- Tanzt du zuhause gerade einen ganz anderen Tanz, als den, der dir gefällt, und würdest du vielleicht lieber ein wenig an der Bar sitzen?
- Kennst du Menschen, mit denen du so gerne tanzen würdest, aber die nicht da sind? Sind sie nicht zum Tanz erschienen oder konnten sie nicht?
- Hast du manchmal den Eindruck manche Menschen tanzen Lambada, andere Hip-   Hop, und du denkst dir, irgendwie brauche ich gerade eher den Zillertaler Hochzeitsmarsch oder Beethovens 9.Sinfonie? Dann weißt du sicher, wovon ich rede.

Daher hier meine Tipps für positive Erfahrungen auf der "Tanzfläche des Lebens":

- Auch wenn du nicht gerne tanzt, versuch dennoch zu deiner Lieblingsmusik zu tanzen, einfach nur für dich, zuhause. Das setzt Energie frei und hilft, den Stress des Alltags hinter sich zu lassen. Kinder machen dabei sehr gerne mit. Nein, es gibt hier nichts richtig oder falsch zu machen.
- Wenn dir das Tanzen Spaß macht, dann triff dich doch einmal mit Freunden zu einer ZOOM Tanzpartys, das kann richtig lustig sein.
- Probiere eine aktive Meditation oder Tanz-Meditation aus, du findest einige auf YouTube.
- Mach dir Gedanken darüber, wie sich die (Tanz)-Partner in deinem Leben verändern oder verändert haben.

Wer zieht sich zurück und ist nicht mehr präsent in deinem Leben? Wer spielt auf einmal eine größere Rolle?

- Schau dir deine aktuellen (Tanz)-Partner zuhause oder in der nächsten Umgebung an:

Wie ist euer Tanzbereich? Hat jeder wirklich seinen Raum, oder tretet ihr euch immer wieder auf die Füße, weil ihr vielleicht noch nicht einig seid, welchen Tanz ihr gerade tanzt? Ist er bei einem Cha-Cha-Cha und du vielleicht bei einer Rumba? Werft ihr euch gegenseitig vor, dass der andere aus dem Rhythmus ist?

Es ist wichtig, seinen eigenen Tanzbereich zu haben und sich abzugrenzen, aber gleichzeitig sich in Harmonie miteinander zum Takt der Musik zu bewegen. Dabei können klare Regeln helfen, aber keine rigiden, starren Regeln, sondern gemeinsame fließende Regeln, die einen wunderbaren Tanz erschaffen.

Also was sagst du? Let's dance!

Theater, Theater, der Vorhang geht auf ....

Wir bleiben bei der Kultur. Tanzen und Theater gehören eng zusammen, und auch hier geht es um Abgrenzung. In diesem Kapitel erfährst du, was sie mit dem Publikum im Theater zu tun hat, und mit welchem Trick du dich aus negativen Konfliktsituationen herausziehen kannst. Vor einigen Tagen hatte ich wieder einmal ein interessantes Gespräch zum Thema "Abgrenzung". Es ging um störende Nachbarn, die ihr Verhalten in keinem Fall, trotz aller subjektiven Bemühungen wie freundlich oder wütend sein, direkt ansprechen, bitten, Briefe schreiben etc., nicht einmal im Ansatz ändern wollten und weiterhin, sich (wiederum subjektiv) störend verhalten wollten.

Wie ist das nun also mit der Abgrenzung, und was können wir in einer solchen Situation tun? Haben wir diese Situationen häufiger, so dass es sich überhaupt lohnt, sich darüber Gedanken zu machen? Ich denke ja, denn in meinen täglichen Gesprächen komme ich immer wieder auf diesen Punkt. Es geht um die Nachbarn, den Kollegen, den Chef, die Schwester, die Tante oder eben einfach um eine Freundin. Die Fälle sind zahlreich und facettenreich, folgen aber alle dem gleichen Muster. Es geht um eine "fremdgesteuerte" Situation, die das Wohlbefinden der Person stört, die sie gerade erlebt. Und genau deswegen schauen wir das ein weniger genauer an. Was passiert in solchen Momenten eigentlich in unseren Köpfen?

Wir fühlen uns unwohl, denn jemand greift ganz offensichtlich, also zumindest in unserer Wahrnehmung, in unseren Lebensbereich ein, ohne, dass wir das wollen und ohne, dass wir es beeinflussen können. Wir fühlen uns gestört, irritiert und vor allem manchmal auch hilflos. Die natürliche Reaktion auf eine solche Situation wäre, sie zuerst einmal zu ignorieren.

Manche Menschen sind darin besser, andere weniger gut. Es ist aber in jedem Fall ein guter Reflex, das Störende auszublenden und darauf zu zählen, dass es von allein weg geht. Nur würden wir hier wahrscheinlich nicht darüber sprechen, wenn es immer so einfach wäre. Die zweite Reaktion der meisten ist auch noch sehr freundlich: Sie gehen in den Dialog, das heißt sie versuchen, dem Gegenüber auf freundliche Art zu erklären, warum sie sich gestört fühlen. Bei einigen wird es jedoch hier schon ein wenig anstrengender, denn in den Dialog zu gehen und nicht in die Konfrontation ist vielfach nicht einfach. Nach der Bitte, dies zu unterlassen, erhoffen sie sich eine direkte Reaktion, die jedoch nicht immer eintritt.

Ich sage übrigens nicht, dass Konfrontation negativ sein muss, jedoch neigen wir Menschen dazu, wenn wir uns gestört und im Recht fühlen, die wertschätzende Kommunikation zu unseren Gunsten auszudehnen. Nicht selten wird dann nicht mehr so wertschätzend kommuniziert, wie es nötig wäre, sondern es handelt sich dann um handfeste Kritik oder einen Vorwurf.

Da es sich aber um eine persönliche Empfindung handelt - wir fühlen uns gestört -, kann es gut sein, dass diese Kritik nicht unbedingt auf offene Ohren stößt, da der andere die Situation vielleicht ganz anders empfindet. Und schon sind wir in einer echten Konfrontation, die mehr auf Recht haben beruht und selten zu einer Lösung beiträgt.

Nichtsdestotrotz ist es die beste Herangehens-weise, der Gegenseite die eigenen Empfindungen offen und ehrlich, aber vor allem wertschätzend mitzuteilen. Wichtig dabei ist es, wirklich bei sich selbst zu bleiben, denn es ist und bleibt unsere Interpretation der Dinge. Das eigene Weltbild anderen überstülpen zu wollen, so logisch es uns selbst auch erscheint, ist nicht sinnvoll und führt zu Widerstand. Der Weg ist also, bei den persönlichen Empfindungen zu bleiben, diese wertschätzend mitzuteilen und einen Vorschlag zu machen, der vielleicht für beide Parteien annehmbar ist.

Jetzt kommen wir aber zu dem Punkt, wenn die Unterhaltung ohne positive Lösung für beide Seiten verblieben ist. Das ist der Moment, in dem die meisten richtig wütend werden. Es folgen teils sogar Rechtsstreitigkeiten, Verleumdungen und vor allem eine Menge negativer Energie. So kostet das Ganze nur viel Kraft, die wir doch eigentlich für positive Dinge nutzen könnten.

Es ist sinnvoll, sich diese Tatsache immer wieder vor Augen zu führen. Nur in sehr seltenen Fällen lohnt es sich wirklich, in den "Kampf zu ziehen", denn die große Menge an Lebensenergie, die wir dabei auf dem Weg verlieren, wird durch die Bestätigung "Recht zu haben" oder vielleicht ein paar Euro zu gewinnen in keinster Weise kompensiert. Wir werden durch diese negative Energie die Gedanken anderer Menschen definitiv nicht ändern.

Generell können wir weder ihre Gedanken noch ihr Verhalten ändern, wir können lediglich unsere Einstellung dazu modifizieren. Und seien wir mal ehrlich: Wir können nicht wissen, was in ihren Köpfen vorgeht, wie ihre Geschichte oder ihre aktuelle Situation ist. Wir haben keine Ahnung, was sie durchlebt haben, was sie empfinden und welche Hintergründe alles hat. Letztendlich kann uns das aber auch egal sein. Und zwar nicht, weil wir ignorant sind, sondern weil wir die wertschätzende Kommunikation und vielleicht sogar eine Hilfestellung bereits versucht haben.

In solchen Fällen habe ich ein Bild im Kopf, das ich hier mit euch teilen möchte. Es gibt Menschen, die immer eine Bühne brauchen. Ob unbewusst oder bewusst, das sei dahingestellt. Jedoch gehe ich davon aus, dass sehr viel sich im Unbewussten abspielt, wie so oft bei komplexen Handlungen und Heraus-forderungen in zwischen-menschlichen Beziehungen.

Es gibt also Menschen, die spielen Theater. Was ist das Besondere, wenn jemand gerne Theater spielt? Es ist das Publikum. Es lohnt sich nur, auf der Bühne im Theater zu stehen, wenn es im Publikum Menschen gibt, die darauf reagieren. Dabei ist nicht unbedingt wichtig, ob sie Tomaten werfen oder applaudieren, aber sie reagieren. Natürlich mögen die meisten gerne Applaus, aber nichts ist schlimmer als gar keine Reaktion. Sonst würde es ja auch nicht so viele Menschen geben, die sich durch Provokation, Fremdschämen oder (gespielte) Dummheit eine goldene Nase verdienen.

Die Reaktion des Publikums gibt den Darstellern die Berechtigung, auf der Bühne zu stehen und einen Sinn für ihr Handeln. Was würde jedoch passieren, wenn das Publikum aufsteht und geht?

Wenn die Menschen im Publikum nach Beginn der ersten Sätze, des ersten Aktes, dem Ganzen keine Beachtung mehr schenken würden? Wenn es kein Publikum mehr gibt? Ich habe die Erfahrung gemacht, dass das Theaterspielen dann keinen Spaß mehr macht. Was bringt es auch, sich anzustrengen und alles zu geben, wenn es niemand mitbekommt?

Wenn wir es also schaffen könnten, uns in einer Situation, in der wir nicht weiterkommen, in der wir uns gestört fühlen und auch machtlos sind, an die Theaterbühne zu erinnern. Was können wir dann tun? Richtig, wir können das Geschehen verlassen und uns nicht mehr damit beschäftigen. In fast allen Fällen, die ich inzwischen sowohl persönlich als auch in unzähligen Trainingsgesprächen erfahren habe, war die Situation sofort um ein Vielfaches entschärft und entspannte sich mit der Zeit von selbst, da keine Bühne mehr geboten wurde.

Woran liegt das? Warum sind dieses Erlebnis und die Reaktion des Publikums so wichtig? Wie so oft geht es um den tiefen Wunsch nach Anerkennung. Wir alle haben ihn in uns, die einen mehr, die anderen weniger. Manche sind sich dessen bewusst, während andere Menschen der Anerkennung von außen hinterherlaufen. Der erste Schritt liegt immer bei uns selbst. Je mehr wir über uns wissen, je besser wir unsere eigenen Strukturen kennen, unsere "Knöpfe", die bestimmte Mechanismen auslösen, einschätzen können, desto sicherer werden wir im Umgang mit uns selbst und dadurch auch im Umgang mit anderen.

Wie wäre es also, wenn du das nächste Mal, wenn du in einer solchen Situation bist, an ein Bühnenstück denkst und für dich entscheidest, „Nein, ich gebe dem keine Bühne" und dem Ganzen deine Aufmerksamkeit entziehst?

Es ist einen Versuch wert, denn wir kennen ja bereits den Spruch „*Where focus goes, energy flows*".

Vielleicht sollten wir unsere Energie doch lieber in ein wirklich gutes Theaterstück stecken, das uns echte Freude bereitet. Oder doch mal mit einem guten Freund telefonieren? Oder wie ist das mit dem Telefon?

Kein Anschluss unter dieser Nummer

In diesem Kapitel erfährst du wie du mit unangenehmen Gedanken leichter umgehen kannst und warum es besser wäre, wenn du zu ihnen manchmal „Kein Anschluss unter dieser Nummer" sagen würdest.

Kannst du dich noch an die Zeiten erinnern, als du zum Telefonieren eine Wählscheibe gedreht hast? Ja, ich meine diese großen Apparate, die in meiner Jugend entweder grau, grün, orange oder rot waren. Sie hatten einen monströsen Hörer und eine Wählscheibe mit Zahlen. Damit konnte ich die Nummer der Person wählen, die ich erreichen wollte. Das dauerte immer ein wenig, denn die Wählscheibe musste mit langem Ratterratterratter wieder zurück in die Ausgangsposition, bevor die nächste Zahl gewählt werden konnte.

Andererseits waren die damaligen Festnetznummern auch nicht so lang, und man hatte sie ein Leben lang im Kopf. Im Ernst, mach doch einmal den Test. Was war die Telefonnummer deiner besten Freundin, deines Elternhauses oder die von der Oma? Also bei mir sitzen sie noch immer gut im Gedächtnis. Eine wunderbare Erfindung, dieses Telefon! Kaum zu glauben, dass wir heute keine Kabel mehr dafür benötigen und schon gar keine Wählscheibe. Das soll aber jetzt nicht das Thema sein.

Du kannst dich sicher auch noch daran erinnern, wenn du statt des gewünschten Freizeichens Folgendes zu hören war: „Tuttuttut, kein Anschluss unter dieser Nummer, kein Anschluss unter dieser Nummer!" Und dann kam noch dieser Dreiklang, dieser nervtötende Dreiklang, der dir sagte, dass du tatsächlich deinen gewünschten Gesprächspartner nicht an den Apparat bekommen wirst, weil du die falsche Nummer gewählt, aufgeschrieben oder dir gemerkt hattest.

Was wäre aber, wenn der andere einen Knopf gehabt hätte, mit welchem er absichtlich diese Rufumleitung eingestellt hätte? Das nannte man in der Folgezeit übrigens Anrufbeantworter, ist auch so, nur etwas freundlicher. Durchaus möglich, oder? Dann würde es bedeuten, dass der andere nicht erreichbar sein wollte, weil er einfach keine Lust oder keine Zeit hatte zu sprechen.

Was hat das Ganze nun mit den unangenehmen Gedanken zu tun? Vielleicht beginnen wir etwas weiter vorne:

Wie ist das denn mit deinen Gedanken? Wie viele von ihnen sausen täglich durch dein Gehirn? Ich habe einmal gelesen, dass Quantenphysiker circa 60.000 Gedanken pro Tag nachgewiesen haben. Zwar habe ich keine Ahnung, ob diese Zahl stimmt, und ob sie bei Frauen und Männern gleich ist, wage aber zu bezweifeln, dass das reicht. Egal, in jedem Fall wird es eine riesige Menge sein.

Die Frage ist, wie viele dieser Gedanken sind wirklich relevant? Wie viele haben nicht mit banalen Dingen wie dem Mittagessen des Nachbarn zu tun oder sonst mit einer anderen belanglosen Information? Und wie viele von den relevanten Gedanken sind positiv? Wenn wir sowohl die relevanten als auch die nicht relevanten Gedanken zusammennehmen, fürchte ich, sind wir bei einer zu hohen Quote negativer Gedanken. Wusstest du, dass wir bis zu unserem 7. Lebensjahr bereits über 100.000 Mal die Wörter "nein" und "nicht" gehört haben? „Tu dies nicht, tu das nicht, das kannst du nicht, nein, das ist zu gefährlich, zu heiß, zu kalt, zu schnell, zu langsam..."

Kein Wunder, dass sich auch bei Erwachsenen viele negative Themen durch die Gedanken bewegen: Sorgen um die Zukunft, Angst vor Krankheiten, negative Schlagzeilen in den Nachrichten, der Streit mit dem Kollegen, das angebrannte Mittagessen, das trotzige Kleinkind, der Stress mit den Eltern, die Unzufriedenheit im Job, der Liebeskummer, das nicht vorhandene Geld und vieles mehr.

Sind diese negativen Gedanken alle schlecht? Natürlich nicht alle, aber die wichtigen Fragen, die ich mir stellen sollte, sind:

- Welche Gedanken sind wichtig, um ein gesundes, glückliches Leben zu führen?
- Helfen mir diese Gedanken auf dem Weg zu meinem Ziel oder schaden sie mir?

Es lohnt also, sich mit den eigenen Gedanken ein wenig zu beschäftigen, denn es gibt viele, die nicht gut für uns sind, und wir denken sie doch. Das Schlimme daran ist, wir denken sie nicht nur einmal, sondern wir denken sie mehrfach, bewusst oder unbewusst, manche von ihnen in einer ewigen Dauerschleife.

Ich rede dabei nicht nur von den Gedanken und Sorgen, die vielleicht gerade aktuell sind, sondern ich meine auch Gedanken, die uns schon unser ganzes Leben begleiten, alte Gedanken, Geschichten, Glaubenssätze, die sich ständig wiederholen, sich laufend bestätigen und uns daran erinnern, dass sie weiterhin aktuell sind. Aber sind sie das wirklich? Oder holen wir sie einfach nur zurück, weil wir sie gewohnt sind?

Sind wir tatsächlich ein Spielball unserer (alten und neuen) Gedanken? Ich sage nein. Es geht aber auch nicht darum, Gedanken ganz abzustellen oder abzuschalten. Es geht vielmehr darum, mit Gedanken bewusst und achtsam umzugehen. Es ist wichtig, sie anzunehmen, und wir sollten lernen, zu erkennen, ob sie für unser Wohlgefühl und das Erreichen unserer Ziele hilfreich oder kontraproduktiv sind. Wenn wir in der Lage sind, dies zu unterscheiden, dann ist der erste Schritt getan: Die positiven Gedanken wertzuschätzen und immer besser mit den negativen Gedanken umgehen und sie nach und nach auflösen zu können. Kommen wir nun zu unserem wunderbaren Telefon zurück.

Wie wäre es, wenn du dir vorstellst, dass alle Gedanken in der Weite des Himmels umher-schwirren. Immer wieder kommen auch diese alten, negativen Gedanken vorbei. Wenn du nun annimmst, dass Gedanken wie „Das schaffst du nie, das bist du nicht wert, das kannst du nicht, du bist viel zu klein, dick, dumm…" nur durch eine Telefonleitung zu dir kommen könnten, und du der Herr über diese Telefonleitung bist, was könnte das dann bedeuten? Ganz einfach, du könntest nur die positiven Gedanken annehmen und mit ihnen plaudern, von ihnen lernen und Spaß mit ihnen haben.

Und du könntest bei den negativen Gedanken einfach sagen „Tuttutut, kein Anschluss unter dieser Nummer!" Und was ist, wenn du dir nicht sicher bist, ob der Gedanke negativ oder positiv ist? Oder wenn der Gedanke so schnell war, dass du schon am Apparat warst und "Hallo" gesagt hast? Dann kannst du immer noch, sollte sich der Gedanke als negativ entpuppen, den Hörer fest umschließen und mit klarer Stimme sagen: „Danke, ich habe Sie gehört, ich habe jedoch kein Interesse". Alternativ „Ich glaube, Sie haben sich verwählt, hier wird positiv gedacht!" Oder wie der Wiener sagen würde: „Schleich di!".

In diesem Sinne würde ich dich heute gerne dazu einladen: Schau auf deine Leitungen, erkenne die vielen Gedanken, die sich einschleichen, obwohl sie dir nicht helfen und sag einmal mehr „Kein Anschluss unter dieser Nummer! Hier wird jetzt positiv gedacht!"

Und wie du das unterbrechen kannst? Sieh selbst.

Das nackte Gummibärchen

Wir hatten uns in den letzten Kapiteln bereits ausführlich mit unseren Gedanken beschäftigt, die uns manchmal ganz schön zusetzen können. In diesem Kapitel zeige ich dir einen Trick, wie du dein Gedankenkarussell durchbrechen kannst, und was nackte Gummibärchen eigentlich damit zu tun haben.

Nackte Gummibärchen? Ich glaube, du fragst dich gerade, was nackte Gummibärchen sind. Nur Geduld, ich komme gleich mit der Sprache heraus. Das erste Mal habe ich von ihnen in einem Webinar von Veit Lindau gehört. Um genau zu sein, über die Tatsache, wie man Vergleiche schaffen kann, die nicht nur auffallen, sondern auch in Erinnerung bleiben.

Das schaffen wir immer dann, wenn wir Gedankenstrukturen unterbrechen, also einen "Interruptus" herbeiführen. Ein Schelm, der dabei an etwas Anderes denkt.

So ist es auch bei Gedanken. Wenn wir durch einen verrückten Gedanken unser bestehendes Gedankenkarussell unterbrechen, dann können wir unseren Verstand einschalten und die Situation neu begutachten. Wie kannst du auch in deine Sorgen vertieft sein, wenn du gerade an ein nacktes Gummibärchen denkst?

Wir können eben nicht gleichzeitig alles denken. Du kennst sicher den Satz "Denke nicht an einen rosaroten Elefanten!" Vielleicht fallen dir noch andere Beispiele dazu ein?

Machen wir einen kurzen Ausflug in unser Gehirn. Wenn wir es uns vereinfacht als Kreis vorstellen, dann befindet sich in der Kreismitte das Reptiliengehirn oder auch Stammhirn genannt. Eine Schicht weiter außen liegt das limbische System und ganz außen ist die Großhirnrinde.

Das Reptiliengehirn ist evolutionär der älteste Teil und gleichzeitig das primitivste Gehirn. Im Laufe von Millionen von Jahren hat sich das heutige menschliche Gehirn von seiner Basis, dem Stammhirn weiterentwickelt. Es steuert unsere Instinkte und Reflexe und grundlegende und lebensnotwendige physiologische Vorgänge wie Verdauung, Fortpflanzung, Kreislauf, Blutdruck und Atmung werden dadurch reguliert. Jedes Wirbeltier hat diesen Gehirnteil, da das auch die Grundvoraussetzungen für das Leben dieser Tiere sind. Er ist bei allen nahezu gleich aufgebaut, bei niederen (Nicht-Säugetier) Wirbeltieren wie den Reptilien macht dieser Bereich sogar fast das gesamte Gehirn aus, daher auch der Name "Reptiliengehirn".

Letztendlich wird im Stammhirn also auch unser Überleben gesteuert. Hier befinden sich unsere drei Notfallprogramme KAMPF, FLUCHT und ERSTARRUNG, die anspringen, wenn dem Stammhirn signalisiert wird, dass hier Gefahr besteht.

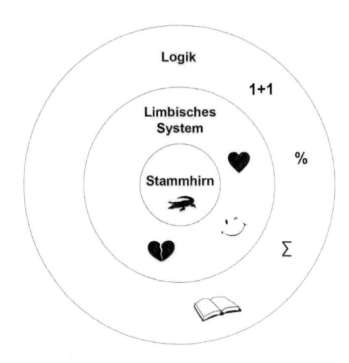

Menschen, die zu sehr auf diese Notfallprogramme gepolt sind, befinden sich dauerhaft im Stress. Wenn das Stammhirn aktiviert ist, und sich der Körper auf Kampf oder Flucht vorbereitet, sind wir nicht bzw. nur sehr bedingt in der Lage logisch und lösungsorientiert zu denken und zu handeln. Habe ich eine traumatisierende Erfahrung gemacht, können Gedanken, Situationen, Gerüche, Gefühle, Geräusche immer wieder ganz schnell in mein Stammhirn dringen, und ich lande im Modus Kampf, Flucht oder Erstarrung.

Im mittleren Teil unseres Gehirns, dem limbischen System, sind Emotionen, Gefühle, Kindheits- und Verhaltensmuster, Erinnerungen, Erfahrungen und unsere Glaubenssätze abgespeichert. Dieser Teil spielt eine sehr große Rolle bei der Verarbeitung von Sinnesreizen. Außerdem reguliert er unsere Motivation und unsere Aufmerksamkeit. Hier entstehen starke Gefühle, wie zum Beispiel Angst, Schrecken, Wut und Freude.

Die oberste Ebene, die Großhirnrinde oder auch Neocortex ist in der Entstehungsgeschichte die jüngste. Hier findet rationales, logisches und lösungsorientiertes Denken statt. Ereignisse und Zeit werden in chronologischer Folge abgespeichert. Hier lernen, planen und nehmen wir wahr. Diese Ebene kontrolliert bewusst ausgeführte Bewegungen und überwacht unsere Selbstregulierung.

Das limbische System ist über zahlreiche Nerven-bahnen mit unserem Neocortex, dem Teil, der für das rationale Denken verantwortlich ist, verknüpft. Emotionen haben einen starken Einfluss auf unser Denken und Handeln. Emotionen und Gefühle waren früher für unser Überleben verantwortlich. Der Mensch musste Gefahren erkennen, einschätzen und sich auf Kampf oder Flucht vorbereiten. Wenn "Gefahr" besteht, werden in Bruchteilen von Sekunden Signale vom limbischen System an unser Stammhirn gesendet, der den Körper in Alarmbereitschaft versetzt und unser autonomes Nervensystem aktiviert. Aber Achtung, was passiert, wenn ich aus den Emotionen nicht mehr herauskomme? Dann stecke ich im Gedankenkarussell fest, Zeit also, das logische Denken einzuschalten!

Es macht also Sinn, wenn wir in einer Ausnahme Situation "erscheinen", dass wir versuchen unser logisches Denken wieder einzuschalten. Und da helfen eben auch solche Tricks wie oben genannt. Und je mehr wir üben, desto einfacher wird es. Dann kann aus einem "Interruptus" auch ein langsamer Perspektivenwechsel werden.

Mit der Sufi-Geschichte "Der Blumengarten" wird sehr schön aufgezeigt, wie man - jenseits von verrückten Gedanken - die Perspektive wechseln kann.

Mulla Nasruddin beschloss, einen Blumengarten anzulegen. Er bereitete den Boden vor und pflanzte die Samen vieler wunderschöner Blumen ein. Doch als sie aufgingen, füllte sich sein Garten nicht nur mit seinen ausgewählten Blumen, sondern es wucherte auch überall eine Menge Löwenzahn. Er suchte daher Rat bei vielen anderen Gärtnern und probierte alle bekannten Methoden aus, um den Löwenzahn loszuwerden, aber ohne Erfolg. Schließlich ging er den ganzen Weg bis zur Hauptstadt, um beim Hofgärtner am Palast des Scheichs vorzusprechen.

Der weise alte Mann hatte schon viele Gärtner beraten und schlug eine Vielzahl von Mitteln vor, um den Löwenzahn auszurotten, aber der Mulla hatte sie schon alle ausprobiert. Eine Weile saßen sie schweigend zusammen, bis am Ende der Hof-Gärtner Nasruddin anschaute und sagte: "Nun, dann schlage ich vor, du lernst, den Löwenzahn zu lieben."

Denn eines ist klar: So wie wir denken, so handeln wir und so wie wir handeln, werden die Ergebnisse sein, die wir erzielen. Diese geben uns ein Gefühl, mit dem Gefühl bestätigen wir unsere Gedanken – und dann fängt alles wieder von vorne an!

Du kennst ja bestimmt den Spruch aus dem Talmud:

- Achte auf Deine Gedanken, denn sie werden Worte.
- Achte auf Deine Worte, denn sie werden Handlungen.

- Achte auf Deine Handlungen, denn sie werden Gewohnheiten.
- Achte auf Deine Gewohnheiten, denn sie werden Dein Charakter.
- Achte auf Deinen Charakter, denn er wird Dein Schicksal.

Und du siehst, es sind auch immer wieder unsere Gewohnheiten, die uns langfristig prägen „so wie wir säen, ernten wir".

Saat und Ernte

Hast du schon vom Gesetz von Saat und Ernte gehört? Die Fantastischen Vier singen davon, und auch in der Bibel wird es bereits erwähnt *(Galater 6,7)*. In diesem Kapitel wollen wir uns näher anschauen, was es damit auf sich hat und was dieses Gesetz mit uns zu tun haben könnte, obwohl du vermutlich weder Weizen noch Gerste säen wollen wirst.

Der Bauer sät zur rechten Zeit fleißig sein Saatgut aus, damit er später ernten kann. Er weiß, dass die Qualität seiner Aussaat die Qualität seiner Ernte bestimmt. Jeder Bauer, der Weizen sät und Gerste ernten wollte, der würde wohl als nicht ganz gescheit betrachtet werden.

Was man sät, das erntet man, heißt es. Aber ist das tatsächlich so? Logisch wirst du jetzt sagen, wenn ich einen Sonnenblumenkern säe, dann möchte ich ja eine Sonnenblume heranziehen. Wie kommt es dann, dass dieses universelle Gesetz im Rahmen der Persönlichkeit, der Kommunikation und der Beziehung der Menschen untereinander nicht immer so selbstverständlich gelebt wird?

Wahrscheinlich liegt es an unserem Alltag. Wir sind so sehr damit beschäftigt, zu rennen, zu hetzen und all unseren Verpflichtungen nachzugehen, dass wir immer mehr die Achtsamkeit verlieren, für Tatsachen, die so banale und logische Gesetze besagen.

Aber warum ist das so? Wahrscheinlich ist die häufigste Antwort, die ich auf diese Frage in der Vergangenheit erhalten habe, diejenige, die mit den Worten „Ja, aber" … beginnt.

Damit wird sofort alles revidiert, egal was davor vielleicht an guten Gedanken da war. Ja, aber der Nachbar hat…, ja, aber der Papa hat angefangen…, Ja, aber ich muss doch zuerst…, Ja, aber das würde nur gehen, wenn… und schon kommen viele Ausreden, die uns der kleine Teufel auf unserer Schulter in Ohr flüstert. Häufig hat dieses Flüstern damit zu tun, dass andere irgendetwas getan haben. Dass das Umfeld in irgendeiner Weise reagiert hat, die wir nicht erwartet haben.

Allerdings bleibt die Frage, woher kommen denn diese Erwartungen? Haben wir uns wirklich die Mühe gemacht, vorher den richtigen Samen zu säen? Gab es vielleicht einen Teil der Kommunikation, der entweder nicht klar oder nicht wertschätzend war? Das ist sehr häufig so, und ich glaube, wir dürfen uns hier alle getrost an die eigene Nase fassen.

Wir alle erleben im Alltag eine schnelle Kommunikation, kurz zwischen Tür und Angel, fix noch etwas loswerden. Dem Mann im Bad eine Aufgabe zurufen, die er entweder nicht hören kann, oder aber durch seine Art der selektiven Wahrnehmung einfach nicht erfasst, und dann enttäuscht zu sein, weil er sie nicht erledigt hat.

Noch besser wird das Ganze, wenn wir die schriftliche Kommunikation mit einbeziehen: Hier noch eine Mail abhaken, da noch schnell auf eine WhatsApp antworten. Oftmals lesen wir gar nicht richtig durch, was der andere geschrieben hat, sondern wir haben unsere eigene Idee davon, was die Frage und dementsprechend die Antwort sein sollte. Wir sind damit beschäftigt, auf alles schnell zu reagieren, wie auf einer nie enden wollenden To-do-Liste.

Dieses System funktioniert aber nicht auf Dauer. Genauso wenig, wie es beim Tennis funktioniert, den Ball immer "Hauptsache auf die andere Seite" zu bringen. Es ist deutlich effektiver (und für das Spiel auch schöner), sich ordentlich zum Ball zu stellen, schön zu schlagen und ihn dann auch noch ins richtige Feld und nicht nur auf die andere Seite zu pfeffern.

Und wenn wir den ganzen Tag damit beschäftigt sind, Dinge "abzuarbeiten", bleibt nicht mehr viel Zeit, sich darüber Gedanken zu machen, was man da eigentlich sät. Die Ernte wird dann umso unangenehmer sein: Streitigkeiten, Antworten, die uns nicht gefallen, Vorwürfe, Kritik, … Dabei sei es dahingestellt, ob dies wirklich wahre Kritik ist, oder ob wir sie nur so wahrnehmen. Und wir fragen uns, „Warum passiert mir das jetzt? Warum tut derjenige das? Was soll der Mist?"

Vielleicht sollten wir stattdessen lieber überprüfen, ob wir nicht das falsche Samenkorn gelegt haben. Ich sage nicht, dass dies immer der Fall ist, aber nachdem wir unser Gegenüber nicht ändern können, macht es doch Sinn, zu schauen, welches Samenkorn wir gesät haben. Und wenn wir dies tun, dann könnten wir auch für die zukünftige Saat lernen.

Der Ursprung des Ganzen findet in unseren Gedanken statt, denn wir alle haben unsere vorgefertigte Sicht von der Welt. Wir haben unsere eigene Wahrnehmung, und vor allem viele beständige Strukturen aus Gewohnheiten und Erfahrungen in uns, die uns immer und immer wieder sagen, wie unser Leben (und auch das der anderen) ist oder zu sein hat.

Was könnten wir also tun? Wir könnten zum Beispiel vor der Kommunikation erst darüber nachdenken: „Um was geht es genau, was habe ich wirklich dazu zu sagen, in wie weit habe ich eine vorgefertigte Meinung?" Und wenn ich kommunizieren möchte, dann mit Wertschätzung.

So erreichen wir schon sehr viel, und wir ernten auf jeden Fall, das was wir gesät haben: Freundlichkeit, Offenheit und Wertschätzung. Sollte dies einmal nicht der Fall sein, dann können wir immer noch nachfragen, was der Grund für die von uns wahrgenommene "Unhöflichkeit" ist, und in der Mehrheit der Fälle wird diese sich auflösen.

Ein weiteres Beispiel zum Thema betrifft die Zuverlässigkeit. Wenn ich ein eher unzuverlässiger Mensch bin, was bedeutet, ich halte Termine nicht ein, sage diese kurzfristig ab, vergesse einfach mich zu melden und tue dies wiederholt. Wie hoch ist dann die Wahrscheinlichkeit, dass andere Menschen mich immer zuvorkommend behandeln? Dass sie immer wieder Nachsicht mit mir haben, mir nachlaufen und neue Termine mit mir vereinbaren, voller Verständnis und Toleranz? Wenn ich Unzuverlässigkeit säe, dann werde ich diese früher oder später auch ernten. Passiert das immer sofort und bei jedem einzelnen kleinen Gedanken? Natürlich nicht, wie immer geht es auch hier um Konstanz, im Guten wie im weniger Guten.

Wenn wir kontinuierlich nicht das säen, was wir eigentlich ernten möchten, bekommen wir auch die entsprechende Ernte. Das Schöne ist, auch dann ist das Kind noch nicht in den Brunnen gefallen oder die Spreu vom Weizen getrennt (um bei der Ernte zu bleiben).

Denn auch dann können wir reflektieren, was in unseren Gedanken zu diesem Ergebnis geführt hat.

Ich möchte das Kapitel schließen mit einem passenden Zitat von Leo Tolstoi:

„Die Kraft der Gedanken ist unsichtbar wie der Samen,
aus dem ein riesiger Baum erwächst,
sie ist aber der Ursprung für die sichtbaren
Veränderungen im Leben des Menschen."

In diesem Sinne, lasst uns auf unsere Gedanken achten und uns um unsere Samenkörner kümmern.

Perspektive und Fokus

In diesem Kapitel erfahren wir, was Fotografie mit Persönlichkeitsentwicklung zu tun hat, und dass das Einnehmen eines anderen Blickwinkels manchmal sehr weiterhilft. Es geht unter anderem darum, spannende Motive zu finden und zu entscheiden, worauf wir unseren Fokus legen wollen.

Das Thema ist in den letzten Wochen mehrfach zu mir durchgedrungen. Da ich nicht an Zufälle glaube, entschied ich mich, es näher zu beleuchten. Dabei stellte ich fest, dass es viele Parallelen zwischen der Fotografie, unserem Leben und der Persönlichkeitsentwicklung gibt.

Kürzlich war ich mit einer Freundin beim Essen, die Hobby Fotografin ist und wirklich traumhaft schöne Bilder macht. An dem Abend sprachen wir deshalb auch über Fotografie. Und immer wieder fiel mir dabei auf, dass viele der dabei verwendeten Begriffe auch im Rahmen der Persönlichkeitsentwicklung vorkommen. Das sind so wichtige Elemente wie Klarheit, Fokus, Perspektive, Blickwinkel, Rahmen, Hintergrund etc. Und so begann ich, mir Fragen zu stellen.

Wie oft gehen wir durch das Leben und schauen durch eine ganz eigene Kamera, durch unsere persönliche Linse? Es ist immer die Linse unseres Lebens und unserer Erfahrungen, die Wahrheit unseres eigenen Films. Ist es jedoch gleichzeitig die Wahrheit aller anderen Personen?

Kann ich davon ausgehen, dass meine Wahrnehmung auch die der anderen ist? Oder muss ich anerkennen, dass jeder seine eigene Kamera vor der Nase hat, jeder seinen persönlichen Film und seine individuelle Interpretation hat?

Ich bin der Meinung, dass es sehr wichtig ist, diese unterschiedlichen Wahrnehmungen immer wieder in den Fokus zu rücken. Durch den Fokus und das Objektiv ändert sich nicht nur die Perspektive, sondern auch das Motiv selbst.

Da wir immer wieder in unserem Leben an Punkte kommen, in denen wir entscheiden dürfen, worauf wir den Fokus legen, habe ich einige spannende Fragen für dich. Anhand dieser Fragen kannst du in deinem Leben immer wieder prüfen und entscheiden, ob das, was du gerade siehst, wirklich die Wahrheit ist. Oder ob es nur deine Interpretation ist, und ob diese Wahrheit auch für alle anderen gültig sein sollte.

- Bist du voll im Bilde oder hast du etwas den Überblick verloren?
- Bei welchen Themen kannst du genauer hinschauen?
- Hast du den Fokus auf den wichtigen und schönen Dingen?
- Achtest du auch auf die Hintergründe und Rahmenbedingungen?
- Welche Motive sind wichtig für dein Leben?
- Welche machen dir Freude? Sind es auch die, auf die du den Fokus hältst?
- Fällst du schon einmal aus dem Rahmen oder muss alles immer so sein wie immer?
- Was würde es bringen, etwas den Rahmen zu ver-rücken?
- Wie oft hast du in letzter Zeit die Perspektive, das Objektiv gewechselt, von einer anderen Seite geschaut?
- Wie sieht deine Linse aus? Ist sie klar oder trüb?

Ich wünsche dir, dass du mit diesen Fragen ein wenig Freude in dein Leben ziehst, indem du den Blick auf alles lenkst, was du wirklich gerne ablichten möchtest!

Ein Weg zu einem glücklichen und erfüllten Leben ist es, Negatives zu ändern oder zu akzeptieren und die Scheinwerfer auf das Positive zu richten. Denn es ist eben immer wieder eine Frage der Perspektive.

Im Prinzip ist es ein wenig wie beim Vergleich einer Bergwanderung.

Warum kletterst du auf einen Berg?

Was sind die Vorbereitungen?

Was tust du dann als erste Schritte?

Wenn du dir diese Fragen stellst, kannst du direkt beginnen, dir diese zu beantworten.

Wie wäre also folgendes:

- Du kletterst auf einen Berg, weil du das als sportliches Ziel hast, weil du die Aussicht haben möchtest, weil du einfach Spaß dran hast.... Das könnten Ziele sein, richtig?
- Wie bereitest du dich vor? Rucksack, gute Schuhe, Proviant, Landkarte, Wetterprävention (Kleidung), Informationen über den Berg und die Beschaffenheit. Wahrscheinlich nimmst du dir einen Begleiter mit, weil du einen Trainer möchtest oder aber eben auch Freunde, die dich begleiten?

Was sind deine ersten Schritte? Anziehen, Proviant und alles andere einpacken und dann? Machst du den ersten Schritt!

JA – jeder Weg und jeder Aufstieg beginnt mit dem ersten Schritt.

Du bist auf dem Weg, und geht der linear geradeaus nach oben?

Nein, er macht Serpentinen, manchmal siehst du keine 2 Meter weit, es gibt Holperstolpersteine, manchmal ist der Weg gesperrt und wird sogar zum Trampelpfad. Es ist nicht immer leicht. Dennoch hast du das große Ziel, und du weißt Schritt für Schritt kommst du voran.

Was aber tun, wenn du ausrutschst, oder in eine Sackgasse gerätst? Dann könnte es "ein Leichtes sein" aufzugeben. Oftmals ist es sogar so, dass wir dann den Eindruck haben "nichts zu schaffen" und "nie dort anzukommen", weil der Gipfel noch so weit weg ist.

Stattdessen darfst du dich umdrehen und schauen "wo bin ich denn?" Du wirst eine andere Perspektive einnehmen und sehen, dass du eine unglaubliche Aussicht hast.

Du siehst, wie der Anfang deiner Wanderung schon weit hinter dir liegt und du schon richtig viel geschafft hast. Du setzt dich, genießt die Aussicht, nimmst einen Schluck zu dir und tankst Energie. Und erst dann gehst du weiter, wieder Schritt für Schritt, weil du weißt, dass du es schaffen wirst.

Die kleinen Entscheidungen des Alltags (die Gewohnheiten) entscheiden über deine langfristige Zufriedenheit und deinen Erfolg. Es sind die kleinen Dinge, die so einfach sind, sie zu tun und genau so einfach sind, sie nicht zu tun. Die kleinen Entscheidungen geben uns nicht immer gleich Feedback, deswegen fällt es uns so leicht, sie auch mal für ein paar Tage weg zu lassen.

Und schwupp sind wir wieder in unseren alten Strukturen.

Die folgenden drei Schritte sind sehr hilfreich, wenn du diese alten Strukturen und Ängste überwinden möchtest:

- Anschauen was ist (Erkennen)
- Annehmen was ist (Akzeptieren)
- In der Tiefe Blockaden auflösen und im Alltag kleine Schritte gehen der Veränderung (Umsetzen/Machen)

Was jetzt ist kannst Du nicht ändern. Wenn Du Dir gerade das Bein gebrochen hast, kannst Du für eine gewisse Zeit Deine Lieblingssportart nicht ausüben. Du kannst mit einem gebrochenen Bein kein Fußball spielen oder joggen gehen. Du kannst Dich darüber aufregen oder einfach die unbefriedigende Situation akzeptieren. Wenn Du sie nicht akzeptierst, wirst Du Dich aufregen, wütend werden und innerlich unruhig sein. Das schafft Frust. Das nimmt Energie.

Schaffst Du es, die Situation anzunehmen, wirst du erstmal Ruhe finden, dich entspannen und dann die richtigen Schritte gehen können. Gerade beim Annehmen tun wir uns manchmal schwer:

Was dir beim Annehmen helfen kann?

- Vergleich Dich nicht ständig mit anderen. Das wertet nur dich ab. Kann es nicht sein, dass du deine Situation gar nicht vergleichen kannst?
- Du kannst die Vergangenheit nicht verändern, aber Du kannst das was jetzt ansteht angehen. Schau in die Tiefe auf die Ursachen und ändere in kleinen Schritten dein Verhalten (ja dazu gehört auch, um Hilfe zu bitten)
- Akzeptiere, was du einfach nicht ändern kannst

Ich verstehe, dass dies nicht immer einfach ist. Deswegen werden wir uns im Weiteren auch dem Thema Enttäuschen widmen.

Enttäuschungen ohne Frust

Bist du auch manchmal enttäuscht? Enttäuscht von deinem Partner, deiner Partnerin, von Freunden, Nachbarn, Kollegen, dem Chef, dem Leben oder der Welt? Und was noch häufiger ist, von dir selbst? Ich zeige dir in diesem Kapitel sowohl einfache Schritte zum Umgang mit Enttäuschungen als auch die wichtigen Schritte zum Loslassen. Es ist für uns alle nicht immer Friede, Freude, Eierkuchen. Ja, es gibt Enttäuschungen. Ja, wir werden damit konfrontiert, und ja sie tun auch weh. Das Thema Enttäuschungen kommt in unser aller Leben immer wieder vor, und ohne Enttäuschungen lebt vermutlich niemand. Daher ist es wichtig, dass wir lernen, damit umzugehen.

Vorher aber noch ein Auszug aus einem schwedischen Märchen, das sich zu lesen lohnt:

Was ist eigentlich das Leben?

An einem schönen Sommertag um die Mittagszeit war am Waldrand große Stille. Die Vögel hatten ihre Köpfe unter die Flügel gesteckt, und alles ruhte. Da drehte der Buchfink sein Köpfchen und fragte: „Was ist eigentlich das Leben?" Alle waren betroffen über diese schwierige Frage. Die Heckenrose entfaltete gerade eine Knospe, schob behutsam ein Blatt ums andere heraus und sprach: „Das Leben ist eine Entwicklung."

Weniger tiefsinnig veranlagt war der Schmetterling, der meinte: „Das Leben ist lauter Freude und Sonnenschein." Unten im Gras mühte sich eine Ameise mit einem Strohhalm ab, zehnmal länger als sie selbst und schnaufte: „Das Leben ist nichts anderes als Mühsal und Arbeit." Geschäftig kam eine Biene dazu und meinte: „Nein, das Leben ist ein Wechsel von Arbeit und Vergnügen."

Wo so weise Reden geführt wurden, steckte auch der Maulwurf seinen Kopf aus der Erde und brummte: „Das Leben? Es ist ein Kampf im Dunkeln." Nun hätte es fast einen Streit gegeben, wenn nicht ein feiner Regen eingesetzt hätte, der wisperte: „Das Leben besteht aus Tränen, nichts als Tränen." Dann zog er weiter zum Meer.

Dort brandeten die Wogen und warfen sich mit aller Gewalt gegen die Felsen und stöhnten: „Das Leben ist ein stets vergebliches Ringen um die Freiheit." Hoch über ihnen zog majestätisch der Adler seine Kreise und frohlockte: „Das Leben, das Leben ist ein Streben nach oben." Nicht weit vom Ufer entfernt stand eine Weide, die der Sturm schon zur Seite gebogen hatte. Sie sagte: „Das Leben ist ein Sich neigen unter einer höheren Macht." Dann kam die Nacht und mit lautlosen Flügeln glitt der Uhu über die Wiese. Er krächzte: „Das Leben heißt: Die Gelegenheit zu nutzen, wenn andere schlafen." Und schließlich wurde es still.

Nach einer Weile kam ein junger Mann des Weges. Er setzte sich müde ins Gras, streckte alle viere von sich und meinte, erschöpft vom vielen Tanzen und Trinken: „Das Leben ist das ständige Suchen nach Glück und eine lange Kette von Enttäuschungen."

Auf einmal stand die Morgenröte in ihrer vollen Pracht auf und sprach: „Wie ich, die Morgenröte, der Beginn des neuen Tages bin, so ist das Leben der Anbruch der Ewigkeit."

Was ist nun das Leben? So viele Antworten auf die gleiche Frage. Das Leben als Freude und Sonnenschein, das Leben als Kampf oder als Streben nach oben oder als Kette von Enttäuschungen?

Wer hat wohl recht?

Was sollen wir also tun, wenn wir von anderen oder von uns selbst enttäuscht sind? Wir können Schritt für Schritt einen Prozess durchgehen, der sehr hilfreich für unseren Seelenfrieden, aber auch für die Kommunikation mit unserem Umfeld, ist. Du wirst sehen, diese werden dir bekannt vorkommen, denn du weißt ja, die Wiederholungen sind ungemein wichtig.

Vier Schritte im Umgang mit Enttäuschungen:

1. Erkennen, dass ich enttäuscht bin (Achtung, der Wachhund lauert!)
2. Annehmen, dass ich enttäuscht bin (Achtsamkeit ist gefragt)
3. Reflektieren, woher kommt die Enttäuschung (Umgang mit alten Strukturen)
4. Machen

„Enttäuschungen zu begegnen heißt,
Erwartungen zu hinterfragen!"
(*Jürgen Winkler*, deutscher Lyriker und Aphoristiker)

Es lohnt sich!

TEIL 5 Gesundheit, das höchste Gut

„Gesundheit ist zwar nicht alles, aber ohne Gesundheit ist alles nichts."

Ein schöner Einstieg in diesen wichtigen fünften Teil, oder? Bestimmt hast du dieses Zitat auch schon gehört, denn kaum ein anderer Ausspruch von Arthur Schopenhauer wird so häufig zitiert wie dieser.

„In deinem Leben gibt es wahrscheinlich viele Dinge, die dir wichtig sind, die du gerne hast oder haben möchtest, aber all diese

Dinge bringen dir nur wenig, wenn du das Wichtigste nicht hast:
Gesundheit."
„Arthur Schopenhauer"

Daher sollte jeder verantwortlich mit seiner Gesundheit umgehen. Geld, Besitztümer, Beziehungen und Glück geraten automatisch in den Hintergrund, wenn es einem schlecht geht. Darum ist es essenziell, auf sich und den Körper zu achten. „Der Gesunde weiß nicht, wie reich er ist", sagt auch schon ein altes deutsches Sprichwort.

Wir werden uns daher auf den nächsten Seiten mit einigen Tipps im Bereich Gesundheit beschäftigen.

In 30 Tagen zu mehr Gesundheit, Fitness und Lebensfreude

Ich gebe dir in diesem Kapitel 30 Tipps für 30 Tage, die dich einem gesunden, fitten Körper und einer positiven Lebenseinstellung ein Stück näherbringen werden. Ich habe sie kategorisiert nach Körper, Geist und dem wichtigen Bereich Ernährung. Selbstverständlich gibt es bei einer ganzheitlichen Betrachtungsweise bei der Zuordnung der Punkte Überschneidungen und natürlich hängen sie alle zusammen. Wir sind ein gesamtes Haus der Gesundheit: Körper, Geist und Seele.

Schwerpunkt "Körper"

1. Bewege dich so viel wie möglich!

Körperliche Bewegung bietet eine große Zahl von Vorteilen für den menschlichen Körper. Ich werde hier nur ein paar wichtige nennen. Die Durchblutung wird gesteigert und der Stoffwechsel aktiviert. Zudem wird der Cholesterinwert gesenkt und das Immunsystem unterstützt. Bekanntermaßen hilft sie bei der Gewichtsreduktion, denn der Grundumsatz wird hierdurch erhöht, und Abfallprodukte werden schneller aus dem Körper abtransportiert. Nicht zu vergessen, die ausgeschütteten Endorphine, die für gute Laune sorgen.

Am besten ist natürlich Bewegung an der frischen Luft, und deshalb gehe spazieren, wann immer es möglich ist, genieße die Natur, egal ob alleine oder mit anderen. Wenn es sich absolut nicht anbietet, hinauszugehen, dann öffne wenigstens das Fenster weit oder gehe auf den Balkon, atme tief ein und lasse die Luft in deinen Körper. Atmen ist Geist! Atmen ist Leben!

Bewegung ist aber natürlich auch drinnen möglich. Auf YouTube beispielsweise findest du genügend Workouts, die dich beim Sport motivieren, anleiten und aktivieren können. Es gibt viele verschiedene Angebote wie z.B. Yoga, Pilates und Stretching.

Aufgabe: Experten der Weltgesundheits-organisation (WHO) empfehlen 20 bis 30 Minuten Bewegung an mindestens 5 Tagen pro Woche. Das ist doch tatsächlich nicht sehr viel und sollte zu schaffen sein, oder?

2. Dusche stets kalt!

Fast alle Menschen genießen gerne eine warme Dusche, bei der kalten scheiden sich allerdings schnell die Geister. Besonders im Winter sind manche Menschen jedoch für diese Art der Abhärtung nur schwer zu begeistern. Aber gerade in der Erkältungszeit ist es essenziell, denn der regelmäßige Kältereiz stärkt definitiv das Immunsystem.

Pfarrer Sebastian Kneipp erfand schon vor mehr als 100 Jahren die Wassertherapie, und auch die Lehre des Ayurveda oder die Schönheitsrituale der Finnen besagen, dass kaltes Wasser „die Haut frisch, den Teint rosig und den Kreislauf fit macht".

Versuche es am besten selbst, und du wirst feststellen, dass morgendliche Wechselduschen sogar deine Stimmung steigern können. Allerdings bringt nur regelmäßige Anwendung den gewünschten Erfolg, und das auch erst nach einiger Zeit.

Man darf mit der Kälte unter der Dusche aber auch nicht übertreiben. Es gilt daher, fang langsam an und steigere dich allmählich! Das kalte Wasser mit der Brause erst über Füße, Beine und Hüfte, schließlich über Arme und den restlichen Körper laufen lassen.

Etwa zehn Sekunden am Tag genügen für den Start. Je regelmäßiger dein Körper diese Kältereize erlebt, desto unempfindlicher wird er. Achte aber darauf, dich nicht zu unterkühlen und abgehärtet wird nur in gesundem Zustand.

Hier nur sechs Gründe, warum der kleine Kälteschock sich lohnt:

- Kalt duschen stärkt das Immunsystem.
- Kalt duschen hilft beim Abnehmen.
- Kalt duschen macht glücklich und gute Laune.
- Kalt duschen ist gut für Haare und Haut.
- Kalt duschen verbessert die Durchblutung.
- Kalt duschen ist gut für die Nerven.

Das fällt dir noch schwer? Dann beende jede Dusche wenigstens mit einem kurzen, aber eiskalten Guss. Mal sehen, wie es dir bekommt.

Aufgabe: Für die nächsten 30 Tage heißt es nun: Kalt duschen!

3. Stärke dein Immunsystem!

Das **Immunsystem** ist für unseren Körper lebenswichtig, denn es bewahrt ihn vor Schadstoffen und Krankheitserregern. Ohne diese körpereigene Abwehr wäre er diesen Einflüssen schutzlos ausgeliefert. Solange sie funktioniert, merken wir nicht viel davon. Wenn die Abwehrkräfte aber versagen, weil sie geschwächt sind, wird man leicht krank. Es liegt in unserer Verantwortung für unser Immunsystem und damit für unsere Gesundheit zu sorgen, und das nicht nur im Herbst und Winter, der Erkältungszeit.

Wir können so viel tun, um den Körper gegen Viren, Bakterien und Angriffe aller Art zu stärken. Zum Beispiel wäre es am besten auf Nikotin, Alkohol und Drogen jeder Art zu verzichten, genügend Schlaf und ausreichende Bewegung an der frischen Luft zu haben sowie auf eine Ernährung mit natürlichen Lebensmitteln zu achten. Besonders die gesunde und ausgewogene Ernährung hat großen Einfluss auf unser Wohlbefinden und die Leistungsfähigkeit unseres Körpers, einschließlich des Abwehrsystems.

Aufgabe: Probiere mal meinen "Immun-Shot", ein antiviraler natürlicher Drink, mit dem wir unseren Körper bei seiner Abwehr unterstützen und der die Viren in die Flucht schlägt.

- Saft einer Zitrone
- Saft einer halben Orange
- Ingwer, in kleinen Stückchen
- 1 TL Kurkuma
- 2 EL Apfelessig
- 1 Prise Pfeffer

4. Achte auf genügend und guten Schlaf!

Der Mensch verbringt etwa ein Drittel seines Lebens im "Schlaf" und jeder weiß, dass er für ein gesundes Leben große Bedeutung hat. Leider kriegen wir trotzdem oft einfach zu wenig davon.

Wie notwendig Schlaf ist, merkt man manchmal erst, wenn er fehlt. Vor lauter Müdigkeit kann man sich dann manchmal kaum konzentrieren.

Das Schlafbedürfnis ist von Mensch zu Mensch verschieden, aber aus Untersuchungen geht hervor, dass die meisten sechs bis acht Stunden Schlaf brauchen. Wichtig ist es auch, auf die Schlafhygiene zu achten. Damit sind die Bedingungen und das Verhalten für einen gesunden Schlaf gemeint. Unser Schlaf wird durch viele Faktoren beeinflusst, so nehmen wir zum Beispiel Schmerzen, Geräusche oder Helligkeit wahr, was die Schlafqualität massiv beeinträchtigen kann.

Sechs Tipps für einen guten Schlaf:

- Die ideale Temperatur im Schlafzimmer beträgt etwa 18 Grad.
- Ein dunkler Vorhang oder eine Schlafbrille können die Schlafenszeit verlängern.

- Am Abend im Bett kann das Smartphone ruhig ausgeschaltet bleiben.
- Durch geschlossene Fenster oder Ohrenstöpsel kann der Geräuschpegel reduziert werden.
- Auf Alkohol, Koffein und schweres Essen sollte man abends besser verzichten.
- Ein Einschlafritual durch regelmäßige Zubettgehen-Zeiten oder Entspannungsübungen fördert ebenfalls einen guten Schlaf.

Aufgabe: Nimm dir für die nächsten 30 Tage vor, täglich zu einer bestimmten Uhrzeit zu Bett zu gehen. Anfangs mag sich dieses Timing vielleicht noch ungewohnt für dich anfühlen, doch nach ein paar Tagen hat sich der Schlafrhythmus bei den meisten Menschen prima an die neue Gewohnheit angepasst.

5. Sport soll Spaß machen!

Es ist ganz simpel, wenn du dich mehr bewegst, verbrauchst du dabei Energie und kannst daher Fett abbauen.

- Suche dir eine passende Sportart: Workouts, Schwimmen, Joggen, schnell spazieren, radeln, wandern, Yoga, egal. Hauptsache es macht Spaß, sonst kommst du nicht dauerhaft in Schwung.
- Bring Abwechslung in deinen Sport und probiere andere Sportarten, Strecken oder Geschwindigkeiten aus.
- Finde den richtigen Zeitpunkt dafür! Bist du ein Frühaufsteher oder kommst du nur schwer in Gang? Beachte deinen Bio Rhythmus und wähle danach einen optimalen Zeitpunkt für dich aus. Natürlich ist das auch von deinen beruflichen oder häuslichen Pflichten abhängig.
- Setze dir kleine Ziele und überfordere dich nicht, sonst hältst du es nicht durch.

- Verabrede dich, wenn möglich, mit einer Freundin, um mit ihr zusammen Sport zu machen. Das sorgt für Motivation und Disziplin. So schaffst du es leichter, die Trainingseinheiten auch wirklich einzuhalten.

Aufgaben: Nimm öfter die Treppe statt des Fahrstuhls! Erledige kleine Besorgungen zu Fuß oder mit dem Fahrrad! Nutze einen Bewegungstracker oder eine Schrittzähler App!

6. Challenge zum aufrechten Sitzen

Sitzt du auch oft gekrümmt oder zusammengesackt am Tisch? Oder hast du vielleicht am Ende des Bürotages Schmerzen im Nacken? Dann nimm dir vor, diese Fehlhaltung zu verbessern. Weil gerades Sitzen aber nicht nur eine Frage der Disziplin, sondern auch von Muskelkraft ist, bietet es sich an, diese Challenge über eine längere Zeit aufzubauen.

Nimm dir also vor, jeden Tag etwas länger aufrecht zu sitzen. Starte zum Beispiel mit 20 Minuten und steigere dich am zweiten Tag auf 25 Minuten.

Hier sind vier Tipps für eine aufrechte Sitzposition:

- Wechsle regelmäßig die Position und stehe hin und wieder vom Stuhl auf.
- Drehe und neige deinen Kopf nach links, rechts, vorne und hinten. Dehne dabei die Nackenmuskulatur.
- Hebe im Sitzen deine Arme über den Kopf und drehe dann den Oberkörper so weit wie möglich nach links und rechts.
- Kreise deine Schultern nach vorn und nach hinten. Dann ziehst du sie hoch und drückst sie wieder nach unten.

Aufgabe: Versuche häufiger bewusst auf deine Sitzposition zu achten!

7. Eine Runde Tau- oder Wassertreten

Vielfach aufgrund von ungeeigneten Schuhen häufen sich die Fußprobleme in unserer Gesellschaft. Der Auslöser dafür ist oft viel zu enges und kleines Schuhwerk. Oft sind auch unsere Fußmuskeln kaum trainiert. Abhilfe kann das Tautreten schaffen. Es ist einfach durchzuführen und man benötigt dazu keinerlei Hilfsmittel.

Gehe nach dem Aufstehen für 30 Sekunden über taufrisches Gras. Nach ein paar Mal kannst du die Zeit gerne erhöhen. Achte darauf, dass deine Füße warm sind, bevor du barfuß läufst. Spüre nun ganz bewusst, wie kühler Tau, eisiger Schnee oder kaltes Wasser deine Füße erfrischt und allmählich deinen Kreislauf ankurbelt.

Damit die Füße nach dem Tautreten nicht auskühlen, halte trockene Strümpfe und Schuhe bereit und bleibe in Bewegung. Zügiges Gehen erwärmt sie schnell.

Beim Barfuß gehen durch das taunasse Gras bzw. auf dem „nackten Boden" werden die Füße massiert und besser durchblutet.

Tautreten kann unseren Körper unterstützen bei der:

- Stärkung des Immunsystems (Abhärtung)
- reflektorischen Stärkung der Unterleibsorgane
- Kräftigung der Fußmuskulatur
- Verbesserung der Venen- und Wadenmuskel-Pumpe
- Reduzierung von Fußschweiß
- Verhinderung von chronisch kalten, geschwollenen und schmerzenden Füßen
- Linderung von durchblutungsbedingten Kopfschmerzen

Aufgabe: Probier's doch gleich mal aus! Du hast keine Möglichkeit dazu? Alternativ geht auch Wassertreten in der Badewanne.

8. Lauf dich frei!

Wenn du sowieso bereits oft zum Laufen gehst, denkst du jetzt vielleicht: „Klar doch, mach ich ja schon immer!"

Ich möchte heute besonders diejenigen, die es noch nicht probiert haben, motivieren. Es gibt viele gute Gründe mit dem Laufen zu beginnen. Allerdings, wenn du sehr lange Zeit überhaupt keinen Sport getrieben hast, durch Herzprobleme vorbelastet oder stark übergewichtig bist, solltest du dir das Okay von deinem Arzt geben lassen.

Ansonsten gehe doch mal eine kleine Runde Joggen, völlig egal wie schnell du bist. Zum Anfang ist jede Minute besser als keine Minute, und Gehpausen sind keine Schande. 15 Minuten in deinem persönlichen Tempo reichen schon völlig, um dich in Schwung zu bringen.

Manche Einsteiger empfinden die ersten Läufe als mühsam, was ganz natürlich ist, da es doch völlig ungewohnt ist. In den meisten Fällen ist es so, dass du schlicht zu schnell läufst, wenn dir das Laufen zu anstrengend erscheint. Das wird jedoch mit jedem Training besser, aber du brauchst Ausdauer und Geduld. Aber es lohnt sich definitiv, einige Wochen dranzubleiben und regelmäßig zu laufen.

Aufgabe: Los geht's! Wenn nicht heute, wann dann? Vielleicht hast du sogar Lust auf einen kleinen Schluss-Sprint? Und wenn es aus gesundheitlichen Gründen mit dem Joggen nicht klappt, versuche es einfach mit Walken oder Nordic Walken.

9. Atem ist Lebenskraft

Der Atem begleitet uns durch unser ganzes Leben. Seit 3000 Jahren gehört die Atmung zu den Säulen des in Indien entstandenen Yogas.

Ohne Essen, Wasser und Licht können wir einige Zeit überleben, ohne Luft aber nur wenige Minuten. Meist atmen wir ein und aus, ohne viel darüber nachzudenken. Wenn wir lernen, das Luftholen bewusst zu steuern, kann der Atem unseren Körper und Geist heilen.

Wir atmen oft falsch, ohne es zu wissen, denn richtiges Atmen will gelernt sein. Wer richtig und bewusst atmet, inhaliert die pure Lebenskraft. Vor allem das tiefe Atmen sorgt für Entspannung, weil es den Körper besser mit Sauerstoff versorgt und die Herzfrequenz senkt.

Wenn du im Stress oder überfordert bist, atmest du kürzer und flacher. Bewusstes Luftholen ist aber die beste Methode für Stressabbau und Entspannung. Besonders effektiv ist die tiefe Bauchatmung.

- Steh gerade und aufgerichtet!
- Atme tief ein, so dass sich erst nur die Bauchdecke wölbt!
- Lass die Luft in deinen Bauchraum strömen!
- Danach strömt die Luft auch in den Brustkorb, der sich nur wenig hebt.
- Beim Ausatmen drückst du die Bauchmuskeln leicht zusammen, sodass die Luft aktiv ausströmt.
- Der Bauch sinkt wieder ein, und der Brustkorb entspannt sich.

Aufgabe: Führe diese Übung bewusst mehrmals am Tag durch!

10. Dein Körper spricht mit dir: Achte auf ihn!

Unser Körper macht uns deutlich, wie es um unsere Gesundheit bestellt ist. Ein Kribbeln hier, eine Verspannung dort, ein ungutes Bauchgefühl, zuweilen sendet er Signale aus, denen wir Beachtung schenken sollten. Oft hören wir im Alltagsstress aber entweder gar nicht darauf, oder wir wissen nicht, wie wir sie interpretieren sollen.

Manche Körpersignale sind ein Zeichen für Stress oder andere psychische Probleme. Damit sich keine längerfristigen, ernsthaften Folgen einstellen, solltest du achtsam mit dir und deinem Körper umgehen. Es ist wichtig, auf die innere Stimme zu hören und Warnsignale nicht zu ignorieren.

Manchmal verlangt der Körper nach Ruhepausen, die du ihm unbedingt regelmäßig gönnen solltest.

Kopfschmerzen, die während der Woche jeden Morgen auftreten, könnten mit deiner beruflichen Situation zu tun haben. Irritationen der Haut, Dauerhusten oder Rückenschmerzen warnen ebenfalls, dass etwas nicht stimmt. Kleine „Wehwehchen" kommen und gehen oft schnell, länger andauernde Beschwerden solltest du aber genau beobachten und einen Arzt aufsuchen.

Aufgabe: Überlege, ob auch dein Körper aktuell oder früher solche Signale ausgesendet hat und was die Gründe dafür sein könnten oder waren!

Schwerpunkt "Geist"

1. Mit dem „Schweinehund" dealen!

Fernseher und Couch statt Sport und gesunder Ernährung? Vielleicht ist der gute Vorsatz noch da, aber spätestens bei der Umsetzung scheitert es dann oft am inneren Schweinehund. Die meisten sprechen negativ über ihn, denn schon das Wort Schweinehund ist eigentlich negativ behaftet.

Wir können aber dazu auch sagen: Unsere alten Strukturen oder Muster. Wichtig ist, zu erkennen, dass der Schweinehund ein Teil von uns ist. Es gibt keinen Grund, ihn zu bekämpfen. Im Gegenteil, denn wenn wir unseren Schweinehund bekämpfen, bekämpfen wir uns selbst.

Er macht sich immer dann bemerkbar, wenn wir eigentlich keine wirkliche Lust auf etwas haben.

Hier ein paar Tipps, um mit ihm zurechtzukommen:

- Finde deinen eigenen Antrieb, deine persönliche Motivation!
- Fang sofort an, schieb nichts auf!
- Stelle einen konkreten Plan auf!
- Leg dir ein Ziel fest!
- Suche dir einen Mitstreiter!
- Lass keine Ausreden zu!
- Belohne dich!
- Akzeptiere Rückschläge, sie sind okay!

Aufgabe: Beobachte ganz bewusst einige Tage, was und wann dein Schweinehund, auch Wachhund genannt, mit dir "spricht"!

2. Schaffe dir mehr Struktur im Alltag!

Routinen tragen dazu bei, dir dein Leben zu erleichtern. Damit du deine selbst gesteckten Ziele erreichst, ist es hilfreich, eine persönliche Routine als festen Bestandteil deines Alltags zu entwickeln. So bringst du Struktur in dein Leben und ersparst dir manche Stress-Situation. Allerdings musst du wissen, dass es eine Zeit dauert, bis sich eine Routine richtig eingespielt hat. Dann wird sie allerdings zur Gewohnheit, die du automatisch ausführst, ohne weiter darüber nachzudenken. Du erinnerst dich bestimmt an das erste Kapitel.

Routinearbeiten fordern dein Gehirn weniger als neue Tätigkeiten, und deshalb kannst du dich dadurch immer wieder entspannen ohne bewusst **Entscheidungen treffen** zu müssen.

Bei mir gehört auf jeden Fall die Morgenroutine dazu. Sie besteht aus Meditation, Bewegung und gesundem Frühstück. Beginne mit einer kurzen Zeitspanne, damit du das Ritual auch jeden Tag schaffst. Steigern kannst du dich dann immer noch. Absolutes Minimum für den Anfang sind eine Achtsamkeitsminute und zehn Kniebeugen oder entsprechend eine andere sportliche Übung.

Aufgabe: Etabliere dein persönliches Morgenritual!

3. Meditiere regelmäßig!

Die Geschichte der Meditation geht bereits in das Jahr 1500 vor Chr. zurück, wofür es in Indien die frühesten Aufzeichnungen dazu gibt. Sie hat in den letzten Jahrzehnten auch in den westlichen Ländern sehr an Beliebtheit zugenommen, deshalb ist auch das wissenschaftliche Interesse daran gestiegen, und es gibt viele Untersuchungen und Forschungen darüber.

Aber Meditation ist nicht gleich Meditation, denn unterschiedliche Meditationsstile haben unterschiedlichen Techniken und Ziele. Daher sollte man bei der Auswahl genau hinschauen, denn es gibt enorm viele Angebote. Bei der Achtsamkeitsmeditation beispielsweise konzentriert man sich auf den gegenwärtigen Moment, Gedanken, Emotionen und Empfindungen werden dabei nicht bewertet. Wichtig dabei ist immer, sich achtsam Zeit für sich zu nehmen.

Durch Meditation können wir unser geistiges und körperliches Wohlbefinden steigern. Ich selbst meditiere dreimal täglich und meine derzeitigen Favoriten sind die **Eco Meditation von Dawson Church**, die Mediationen von Veit Lindau und die **Heilung von Karl Edy**. Sie geben mir Ruhe und eine Zentrierung in mir selbst.

Beginne doch mit dem Meditieren, wenn du es bisher noch nicht tust. Du kommst damit zu innerem Frieden und dem Gefühl der Gelassenheit. Zudem tankst du neue Kraft und bleibst beim Wesentlichen. Wenn du dagegen schon fortgeschritten bist, versuche mindestens zwei tiefe Meditationen am Tag zu schaffen.

Aufgabe: Entspannungsphasen sind wichtig! Versuche es mit einer kurzen Meditation täglich. Für den Start eignen sich Apps wie "Headspace" und "7Mind".

4. Mache dir täglich selbst ein Kompliment!

„Ein Kompliment ist eine wohlwollende, freundliche Äußerung: Eine Person hebt gegenüber einer anderen Person etwas hervor, was der ersteren an der anderen Person besonders gefällt bzw. positiv auffällt. Es können sowohl Eigenschaften oder Leistungen sein als auch äußere Merkmale wie eine geschmackvolle Kleidungsauswahl oder die körperliche Beschaffenheit". So erklärt es Wikipedia.

Wann hast du dir eigentlich das letzte Mal selbst ein Kompliment gemacht? Schon länger her, oder? Anderen Menschen Komplimente zu machen, fällt uns meist leicht. Sich selbst aber damit wertzuschätzen, dafür oft umso schwerer. Dann wird es jetzt Zeit dafür, denn wahre Liebe beginnt bei dir selbst! Ich gebe dir einmal ein paar Beispiele:

- Ich bin wunderschön, genau wie ich bin.
- Ich bin stark und kann alles schaffen.
- Ich liebe mich, weil...
- Ich mag an mir besonders...
- Ich bin einzigartig.
- Ich bin stolz auf mich.

Aufgabe: Nimm diese Sätze oder finde ähnliche liebevolle Aussagen, die du ab sofort am besten täglich an dich selbst richtest.

5. Finde täglich etwas, das dich wirklich zum Lachen bringt!

Lachen ist gesund, behauptet schon eine alte Volksweisheit, und darüber hinaus gibt es unzählige Sprichwörter in vielen Sprachen der Welt dazu. So sagt man in Japan zum Beispiel: „Das Glück kommt zu denjenigen, die lachen". In Tschechien meint man: „Wer den Tag mit Lachen beginnt, hat ihn bereits gewonnen." Und Charlie Chaplin, der unvergessene, traurige Komiker, soll sogar gesagt haben: „Ein Tag ohne Lachen ist ein verlorener Tag".

Wer regelmäßig und viel lacht, fördert die eigene Gesundheit auf einfache Weise Humor oder **Lachen** über bestimmte Dinge können auch helfen, schwierige Situationen erfolgreich zu meistern. Nicht zu vergessen auch, dass ein Lächeln die kürzeste Verbindung zwischen zwei Menschen ist.

Das Lachen:

- verbessert die Lungenfunktion
- steigert die Immunabwehr
- versorgt das Gehirn mit mehr Sauerstoff
- baut Stresshormone und senkt den Stresspegel
- setzt Glückshormone frei
- verbessert daher die Laune und das Wohlbefinden

Aufgabe: Erzähle deiner Freundin oder deinem Partner (in) deinen Lieblingswitz!

6. Richte dir deine regelmäßigen "Wohlfühlzeiten" ein!

Kurze Auszeiten zwischen den Arbeitsphasen sind sehr wichtig, denn diese kleinen Oasen der Ruhe und Stille, in denen wir innehalten, um uns zu entspannen, stabilisieren das innere Gleichgewicht und wirken Stress und Erschöpfung entgegen.

Ideal ist es, alle zwei Stunden eine solche Unterbrechung von etwa zehn Minuten einzuplanen. Die Gedanken schweifen lassen, Dehnen, Arme und Beine ausstrecken, vielleicht Musik hören oder einen kurzen Spaziergang machen....

Du kannst verschiedenes ausprobieren und so herausfinden, was dir am besten tut. Diese Wohlfühlzeiten sollten zum festen Bestandteil deines Alltags werden. Man „verliert" dadurch keineswegs Zeit, sondern wird danach konzentrierter, ausgeglichener und besser gelaunt sein.

Aufgabe: Nimm dir vor, in den nächsten 30 Tagen täglich für wenigstens 15 Minuten etwas zu tun, was dich absolut glücklich macht. Vielleicht drehst du die Musik auf und tanzt durch das Zimmer oder du gönnst dir eine professionelle Massage. Egal was es ist – wichtig ist nur, dass es dich glücklich macht. Also worauf wartest du noch, probiere es aus!

7. Versuche optimistisch durchs Leben zu gehen!

„Es ist besser, ein einziges kleines Licht anzuzünden, als die Dunkelheit zu verfluchen!" (Konfuzius)

Unser Denken bestimmt, wie wir uns fühlen. Wenn wir unseren Blick auf die positiven Dinge richten, fühlen wir uns besser, als wenn wir immer das Schlimmste befürchten. Zudem beeinflusst unser Optimismus auch unsere Gesundheit. Es lohnt sich also, optimistischer zu werden!

„Das Wetter ist schlecht, der Chef nervt, ich werde sowieso nie abnehmen, und auch sonst ist alles blöd!" Versuche jedes Mal, wenn du einen negativen Gedanken in dir trägst, diesen zu streichen und mit einem positiven zu ersetzen.

Zwei Beispiele? Das Wetter ist doof? Dann kann ich es mir wenigstens auf dem Sofa gemütlich machen. Du hast den Bus verpasst? So kannst du die Wartezeit nutzen, um einen wichtigen Anruf zu tätigen.

Wir kennen alle die Geschichte mit dem halbvollen bzw. halbleeren Glas, alles eine Sache der Betrachtung, der Perspektive. Optimistische Menschen sind meist entspannter, glücklicher und zufriedener. Während Pessimisten dazu neigen, eher die negativen Dinge des Lebens zu betrachten und ihre Aufmerksamkeit auf das Fehlende zu konzentrieren, richten Optimisten ihren Blick auf das Gute, das da ist. Optimistischer werden lohnt sich also, denn wer der Welt erst mal grundsätzlich etwas Gutes unterstellt, Hoffnung hat und das Positive sieht, lebt leichter und gesünder.

Versuche also nach dem Guten Ausschau zu halten, denn optimistischer zu werden, heißt nicht, dass plötzlich alles nur noch toll und gut im Leben ist, sondern dass man daran arbeitet, mehr von den guten Dingen zu beachten und zu sehen.

Aufgabe: Starte den Tag mit deinem Lieblingssong und tanze dazu, denn der Körper schüttet jede Menge Endorphine dabei aus!

8. Benutze tägliche Affirmationen!

Was ist eigentlich eine Affirmation? *Ralf Senftleben* definiert sie so: „Eine Affirmation ist ein selbstbejahender Satz, den wir uns selbst wieder und wieder sagen, um unsere Gedanken umzuprogrammieren."

Der durchschnittliche Mensch denkt täglich etwa 60.000 Gedanken, die bewusst und unbewusst sowohl positiv als auch negativ auf uns wirken und Verhaltensmuster auslösen können. Affirmationen sind eine sehr effektive Technik, um über das Unterbewusstsein unsere Denkmuster zu verändern.

Wie bereits mehrfach gesagt, unsere Gedanken bedingen unsere Gefühle und damit auch unser Verhalten maßgeblich. Durch Affirmationen kannst du effektiv und erfolgreich Veränderungen zum Positiven herbeiführen. Diese selbst bejahenden Sätze helfen dir dabei, deine Wünsche Realität werden zu lassen und dein Selbstbewusstsein und Selbstvertrauen zu stärken

Nutzt du schon welche?

- Ich kann alles schaffen.
- Ich lenke meine Aufmerksamkeit auf das Gute.
- Es gelingt mir jeden Tag besser, die positiven Dinge zu sehen.
- Jeder Atemzug gibt mir neue Energie.
- Ich bin wertvoll.

Aufgabe: Schreibe dir 10 Affirmationen auf und nutze einige davon täglich!

9. Endlich mal abschalten!

Oft kreisen noch die Gedanken des vergangenen Tages im Kopf, und das verhindert das Einschlafen. Stress, beruflicher Ärger, private Probleme oder Zukunftsängste, manchmal wälzt man sich lang ruhelos im Bett hin und her.

Dabei gibt es für jeden einen optimalen Weg, um zur Ruhe zu kommen. Manchmal sind es nur kleine Dinge, die, wenn man sie verändert schon zu einem Erfolg führen. Vielleicht sollte man abends einfach offline gehen, denn um eine wirklich erholsame Nacht zu haben, ist es besser etwa eine Stunde vor dem Einschlafen auf Tablett, Smartphone und Fernseher zu verzichten.

Wenn dich dein "Kopfkino" wieder einmal nicht zur Ruhe kommen lässt, probiere doch einmal deine Gedanken und Emotionen aufzuschreiben. Das verschafft dir mehr Klarheit und manchmal auch neue Einsichten.

Ein heißes Getränk am Abend hat oft beruhigende Auswirkungen auf den Körper und signalisiert, dass es jetzt völlig in Ordnung ist, abzuschalten. Eine Tasse Kamillentee beispielsweise hilft gut beim Abschalten.

Neue, gute Angewohnheiten brauchen jedoch Zeit und funktionieren nicht von heute auf morgen. Aber kontinuierlich eingesetzt, werden dir diese Rituale aber immer leichter fallen, und schon bald wird dein Körper Entspannung mit der neuen Abendroutine verbinden, damit einer erholsamen Nacht nichts mehr im Wege steht.

Aufgabe: Überlege dir dein persönliches Abendritual!

10. Sei dankbar!

Dankbarkeit gehört zu den Schlüsseln zum Glück, zur Freude und zu einem erfüllten Leben. Genau passend zum Abendritual aus Punkt 9 ist dieser zehnte Punkt, denn durch diesen Teil deines Abendrituals kannst du mehr Dankbarkeit in deinen Alltag integrieren.

Jeden Abend vor dem Schlafengehen erinnern wir uns bewusst daran, wofür wir dankbar sein können. Es lohnt sich, sich genug Zeit dafür zu nehmen, denn Dankbarkeit erzeugt ein Gefühl der Zufriedenheit und der Freude in uns.

Und damit ist nicht die Floskel "Danke!" als Ausdruck von Höflichkeit gemeint, die wir täglich oft benutzen, zum Beispiel wenn jemand die Türe aufhält, oder der Ober im Restaurant das Essen bringt.

Lass einfach Revue passieren, was du erleben durftest und versuche gleichzeitig Dankbarkeit sowohl für alles Alltägliche als auch für das Besondere in deinem Leben zu empfinden. Die Forschung belegt, dass dankbare Menschen optimistischer und glücklicher sind als andere. Dankbarer zu werden, ist also das perfekte Mittel gegen Frust, Neid und Ärger.

Oft sind wir Menschen aber eher auf die Dinge fokussiert, die gerade nicht so gut in unserem Leben laufen oder die uns noch fehlen. Wichtiger wäre, bei Schwierigkeiten zu versuchen, eine neue Perspektive einzunehmen und kleine und große Dinge anzuerkennen, egal, ob wir einfach dankbar dafür sind, dass das Wetter gut ist, die Erkältung heute besser geworden ist oder wir eine gesunde Familie haben.

Aufgabe: Es gibt immer einen Grund dankbar zu sein! Finde mehrere und schreibe sie jeden Abend oder Morgen auf. Aufschreiben verstärkt den Effekt.

Schwerpunkt "Ernährung"

1. Frühstücke jeden Morgen gesund und bewusst!

Das tägliche Frühstück ist eine wichtige Grundlage für dein Wohlbefinden und eine gesunde Ernährung. Der Körper braucht es, um einen guten Start in den Tag zu haben, und es liefert Energie für deinen Stoffwechsel.

Dein gesundes Frühstück sollte bestehen aus:

- guten Fetten: Sie sind zu finden in Kokosöl, Butterschmalz, Olivenöl, Leinöl (kalt gepresst und nativ), Avocado, Nüssen, Samen, hochwertigen Fleisch- oder Fischprodukten
- Proteinen (Eiweiß): Sie sind enthalten in Fleisch, Fisch, Eiern, Nüssen, Samen, Sprossen, Schaf- und Ziegenmilchprodukten, guten Bio-Milchprodukten und Hülsenfrüchten
- Gemüse (je grüner umso besser) oder Obst

Es kommt dabei nicht darauf an, dass du große Mengen verzehrst, sondern, dass dein Körper in Schwung kommt und die benötigte Energie kriegt.

Was aber tun, wenn man morgens gar keinen Appetit hat? Frühstücksmuffel können sich einen Shake aus Früchten, Joghurt und Getreideflocken mischen, denn den kann man prima mit zur Arbeit nehmen. Er bringt den Stoffwechsel dann eben ein bisschen später in Schwung.

Aufgabe: Stell dir aus den oben genannten Bestandteilen 5 Frühstücksvarianten zusammen, die dir gut schmecken.

2. Trinke ausreichend!

Der Wassergehalt im Körper eines Erwachsenen beträgt etwa 50 bis 60 Prozent. Daher ist Wasser ein essenzieller Bestandteil aller Körperzellen und wichtig für den Stoffwechsel. Viele Menschen achten zwar auf eine gesunde Ernährung, nehmen aber eher selten ihre Trinkgewohnheiten unter die Lupe.

Zwei bis drei Liter Flüssigkeit sollten gesunde Erwachsene pro Tag zu sich nehmen. Als Richtwert kann man 35 Milliliter pro Kilogramm Körpergewicht nehmen. Wissen solltest du, dass auch die im Essen enthaltene Flüssigkeit dazu zählt. Äpfel, Gemüse und Kartoffeln bringen es auf etwa 70 Prozent Wasser, Gurken sogar auf 95 Prozent.

Wem es schwerfällt, auf die empfohlene Menge Flüssigkeit pro Tag zu kommen, kann sich mit dem Aufstellen eines Trinkplans oder mit einer Erinnerungs-App auf dem Handy helfen.

Trinken wir zu wenig, schadet das unseren Organen. Die Nieren, die Verdauungsorgane, das Gehirn, die Schleimhäute... alle benötigen ausreichend Flüssigkeit. Dafür eignet sich stilles Wasser, Wasser mit Pepp (Zitrone, Ingwer, Minze, Gurke, Orange) oder Kräutertee.

Aufgabe: Trinke mindestens 2 Liter Wasser und Tee pro Tag!

3. Verzichte auf Säfte oder Limonaden!

Viele dieser Getränke sind leider große Dickmacher, denn wir unterschätzen oft, wie viele Kalorien sie enthalten. In nur 0,2 Liter Limonade befinden sich beispielsweise durchschnittlich acht Stücke Würfelzucker.

Manche greifen deshalb lieber zur Light-, Zero- oder Diät-Varianten, die laut Studien zwar weniger Zucker haben, aber deswegen auch nicht gesünder sind. Dabei ist es ganz einfach, denn die schlankmachende Alternative kommt direkt aus dem Wasserhahn: Leitungswasser ist (nicht nur) beim Abnehmen das beste Getränk!

Wer ausreichend Wasser trinkt, sättigt sich auf natürliche Weise und verbrennt außerdem mehr Kalorien.

Auch Tee stellt eine gute Veredelung des Wassers dar. Einige Teesorten fördern sogar zusätzlich die Fettverbrennung und regen den Stoffwechsel an. Zu den besten Abnehm-Tees zählen grüner Tee und solcher mit frischem Ingwer. Die Kalorien von Früchtetees dürfen vernachlässigt werden.

Apfelessig unterstützt ebenfalls die Fettverbrennung und kann daher hilfreich sein. Die im Apfelessig enthaltene Essigsäure lässt den Blutzuckerspiegel nicht allzu stark schwanken und verbessert den Stoffwechsel. Für den Abnehm-Drink werden täglich zwei Esslöffel Apfelessig in je ein Glas Wasser gegeben und getrunken.

Aufgabe: Probiere doch einmal den Apfelessig-Drink aus!

4. Iss mäßig, aber regelmäßig!

Morgens eine Butterbreze in die Hand, im Büro ein kleiner Müsliriegel.... Und für das Mittagessen ist wieder einmal keine Zeit. Stattdessen gibt es nachmittags Kekse zum Kaffee und abends schmecken die Fritten aus der Pommesbude.

Viele Menschen verzichten zugunsten von kleinen Snacks zwischendurch immer häufiger auf regelmäßige und richtige Mahlzeiten. Es wird entweder ständig nebenbei gegessen oder alternativ werden Mahlzeiten ganz ausgelassen.

Beides ist nicht richtig, denn langfristig ist es besser, auf eine gesunde und ausgewogene Ernährung und regelmäßige Mahlzeiten zu achten.

Wer nicht ausreichend isst, nimmt auch nicht ab! Mahlzeiten ausfallen zu lassen, bedeutet Hunger und Nährstoffmangel. Du nimmst zwar im ersten Moment ab, hast aber nach kurzer Zeit das Doppelte zugenommen.

Um eine optimale Leistung erbringen zu können, braucht unser Stoffwechselmotor eine regelmäßige Zufuhr von Energie. Daher ist ein Essrhythmus wichtig, der aus drei bis fünf Mahlzeiten pro Tag zu möglichst immer gleichen Zeiten besteht.

Aufgabe: Achte darauf, ausreichend und gesund zu essen und feste Zeiten für das Essen einhalten!

5. Vermeide Fertigprodukte!

Salate aus der Tüte, die Soße zum Anrühren aus dem Päckchen, das Nudelgericht in der Aluschale, - das Angebot an Fertigprodukten ist riesig. Praktisch sind sie ja, aber sind sie auch gesund? Die Liste der Nachteile von Fertigprodukten ist lang. Aromen, Geschmacksverstärker, Säuerungsmittel, Stabilisatoren, Emulgatoren sind nur ein Teil dieser Zusätze, die nötig sind, damit der Verbraucher haltbare und geschmacklich einigermaßen akzeptable Dosen- und Schnellgerichte und Tütensuppen und -soßen kaufen kann.

Je stärker verarbeitet das Lebensmittel ist, desto mehr Zusatzstoffe sind in der Regel darin enthalten. Zeitmangel, fehlende Inspiration oder auch einfach Stress, machen es einem oft nicht so leicht mit der frischen Küche daheim. Dabei haben selbst gekochte Gerichte viele tolle Vorteile, denn selber Kochen ist ein wesentlicher Schlüssel zu Genuss, Gesundheit und Wohlbefinden.

Deshalb, versuche so oft es möglich ist, frisch und gesund zu kochen und verzichte auf alle verarbeiteten Lebensmittel. Auf den Teller kommen ab sofort am besten nur noch Sachen, die du selbst aus frischen Zutaten zubereitet hast.

Aufgabe: Stelle einen Essensplan auf mit möglichst vielen selbst zubereitete Speisen!

6. Achte auf bewusstes Essen!

Oft essen wir nebenbei, zu unaufmerksam und zu schnell. Wenn du deine Mahlzeiten bewusst wahrnimmst und genießt, wird dir das Essen besser schmecken. Du wirst auch weniger essen und schneller satt sein. Unbewusstes Essen und Trinken führt leicht zu Gewichtsproblemen, weil wir nicht mehr auf unseren Körper achten, der uns sagt, ob wir vielleicht bereits satt sind.

Es ist dazu hilfreich, wenn du dich zum Essen hinsetzt und mit Aufmerksamkeit bei der Sache bleibst. Achte beim Essen bewusst auf den „Prozess" des Essens und lass ihn im Vordergrund stehen. Richte deine Aufmerksamkeit auf das bewusste Wahrnehmen des Geschmacks, des Geruchs und das ausführliche Kauen.

Wenn wir vor dem Fernseher essen, kriegen wir oft nicht wirklich mit, wie viel wir essen. Da sie nur ablenken, nutzt du am besten weder Fernseher noch Handy nebenbei. Allein das wirkt Wunder!

Wichtig ist es auch, jeden Bissen oft genug zu kauen und nicht schnell in sich hinein-zu schlingen.

Aufgabe: Schreib eine Woche alles genau auf, was du zu dir nimmst!

7. Iss täglich den Regenbogen!

Was soll das denn bedeuten, denkst du jetzt vielleicht. Aus Sicht von Ernährungs-wissenschaftlern ist dein Essen umso gesünder, je bunter es auf deinem Teller zugeht. Viele Obst- und Gemüsesorten bringen ihre eigenen unverwechselbaren Farben mit. Deiner Gesundheit tut es gut, wenn du Farbe und Abwechslung ins Spiel bringst, und unser Körper eine vollständige Palette der Vitamine, Mineralien und Antioxidantien erhält, die er benötigt.

Wer darauf achtet, seinen Körper über die Woche verteilt mit unterschiedlichem Gemüse und Obst zu versorgen, ernährt sich auf jeden Fall ausgewogen. Wenn du es dann noch schaffst, täglich wenigstens fünf Portionen - Schwerpunkt liegt auf Gemüse - davon auf deinem Teller zu haben, machst du bereits sehr viel richtig. Wer Vielfalt auf den Tisch bringt, liefert dem Körper einen bunten Mix an wichtigen Nährstoffen. Bunt ist gesund: Die Farbe macht's!

Aufgabe: Stell dir einen Essensplan mit 5x täglich Gemüse und Obst zusammen!

8. Mach Schluss mit leeren Kalorien!

Klar, an sich sind Kalorien weder voll noch leer. Lebensmittel, die auf Grund von viel Fett und/oder Kohlehydrate jede Menge Kalorien, aber kaum für den Körper wichtige Nährstoffe wie Vitamine, Mineralstoffe, Spurenelemente oder Enzyme haben, liefern leere Kalorien. Experten sprechen dann von einer geringen Nährstoffdichte.

Gemüse hat dagegen kaum Fett und wenige Kalorien, darf also mit wenigen Ausnahmen fast ohne Begrenzung und ohne schlechtes Gewissen gegessen werden. Beispiele dafür sind:

- Brokkoli
- Möhren
- Spinat
- Blumenkohl
- Tomaten
- Auberginen......

Aufgabe: Versuche, diese Lebensmittel so gut es geht zu meiden:

- Raffinierter Zucker
- Süßigkeiten mit einem hohen Zuckeranteil
- Weißmehl z.B. in Weißbrot oder Nudeln
- Fastfood wie Pizza, Currywurst oder Burger
- Soft- und Energy-Drinks
- Snacks wie Chips und Cracker

9. Geh nur gut geplant einkaufen!

Ist dein Einkaufswagen an der Kasse oft voller als du eigentlich vorhattest? Auf dem Weg durch den Supermarkt gibt es eine Menge Versuchungen und etliche Fallen, in die man schnell tappen kann. Ein paar Regeln helfen, sie zu vermeiden:

- Vermeide es, hungrig einkaufen zu gehen! Die Folge sind mehr und ungesündere Lebensmittel in deinem Wagen.
- Nimm immer eine Einkaufsliste mit und verzichte auf spontane Einkäufe!
- Kaufe nur die Menge, die du auch bald verarbeiten und essen möchtest!
- Vermeide XXL-Packungen, sie verführen dich dazu mehr zu essen als du brauchst!
- Kaufe möglichst frisch, saisonal und regional!

Aufgabe: Schau einmal genau hin: Was ist eigentlich in einem Produkt enthalten? Wie viel Zucker, Kohlenhydrate und Fett stecken in 100 Gramm? Ist viel davon enthalten, dann dieses Produkt lieber nur in kleinen Mengen genießen.

10. Verzichte weitgehend auf Alkohol!

Knapp zehn Millionen Deutsche trinken zu viel Alkohol und riskieren damit schwerwiegende gesundheitliche Folgen. Krebserkrankungen, Leberschäden und Nervenprobleme sind nur einige Beispiele dafür. Durchschnittlich sterben in Deutschland über 20.000 Menschen an den Folgen des Alkoholismus.

Als Zellgift greift Alkohol den Körper an, vor allem die Leber, denn sie ist das Organ, das ihn im Körper abbaut. Er wirkt aber auch im Gehirn und je höher die aufgenommene Alkoholmenge ist, desto mehr wird die Wahrnehmung eingeschränkt und das Verhalten beeinflusst.

Bier, Wein und Cocktails sind zudem richtige Kalorienbomben, und Bier wird daher nicht umsonst auch als flüssige Nahrung bezeichnet. Außerdem erzeugt der enthaltene Alkohol einerseits Hunger und bremst zugleich den Fettabbau. Die perfekte Kalorienfalle also!

Alkohol macht krank, verkatert, dick und im schlimmsten Fall süchtig. Warum also nicht mal auf ihn verzichten?

Aufgabe: Versuche wenigstens 30 Tage ohne Alkohol zu leben!

Heißhunger!

In diesem Kapitel erfährst du, warum der Heißhunger meist am Abend zuschlägt und keine rein körperliche Angelegenheit ist. Durch die Beantwortung der Frage nach den Ursachen bekommst du in diesem Kapitel Anregungen, wie du den Teufelskreis aus Lust und Frust überwindest. Außerdem verrate ich dir einige Tricks, wie du den Heißhunger kurz- und langfristig kompensieren kannst.

Zuerst einmal eine kleine Alltagsbetrachtung: Angenommen, du schaffst alles, du bist Super Woman, Geliebte, Partnerin und Mami gleichzeitig. Du siehst top aus, alle bewundern dich und sind stolz auf dich. Und natürlich bist du auch noch erfolgreich in deinem Job. Ist das so oder gibt es auch Momente wie diese?

- Du kommst nach einem langen Tag nach Hause, bist hungrig und gestresst. Da hilft doch nur Schokolade als Belohnung!
- Du versuchst gerade dich in deinen Job zu vertiefen, denn dein Kind ist im Kindergarten oder in der Schule. Doch schon kommt der Anruf, dass das Kind erkrankt ist, und schon beginnt der Stress. Es folgt der schnelle Griff in den Süßigkeiten-Korb im Büro.
- Du weißt eigentlich, "wie gesunde Ernährung geht", aber in deinen Stresszeiten isst du oftmals ungesund, denn du hast keine Zeit. Kaum bist du wach, geht es auch schon los mit den Aufgaben, die du alle schnell erledigen musst, und das Frühstück fällt aus.
- Du gibst im Büro bis zur letzten Minute alles und eilst dann nach Hause. Plötzlich fällt dir ein, dass du vergessen hast, einzukaufen. Der Hunger ist auch schon da, und schnell hast du ein kleines Gebäckteilchen vom Bäcker in der Hand.
- Eigentlich wolltest du ein gesundes Abendessen machen? Ach, die Kinder mögen sowieso lieber Pommes,

Pizza oder Nudeln mit Tomatensoße. Das geht schnell und schmeckt ihnen. Vor allem gibt es nicht wieder Diskussionen, und du willst einfach einmal deine Ruhe. Und was kommt am späteren Abend? HUNGER! Heißhunger! Jetzt musst du dir unbedingt etwas Gutes tun, dich belohnen, entspannen – du BRAUCHST SÜSSES! Und schon stehst du am Regal, nicht mehr Herr deiner selbst und suchst nach dem, was dir das Gefühl von Glück gibt: Schokolade, Gummibärchen...

Um dagegen anzugehen, ist es erstens wichtig, das eigene Verhalten und seine Ursprünge zu erkennen. Ich weiß aus vielen Gesprächen: Wir sind wie "Roboter", wir funktionieren und tun Dinge, die wir eigentlich nicht tun wollen. Und dann? Es wird genascht, dem kurzen Höhenflug folgen die Enttäuschung, die Schuldgefühle, das schlechte Gewissen und das Gefühl, versagt zu haben. Passiert das häufiger, bestätigen wir uns selbst in der Meinung: „Ich kann das nicht!"

Aber doch ja, du kannst deinen Heißhunger steuern! Aber dazu benötigst du etwas Wissen über die Ursachen des Hungers. Also woher kommt er, körperlich betrachtet?
- Blutzuckerschwankungen
- Müdigkeit
- falsche Ernährung

Und was sind die Ursachen für Heißhunger, vom seelischen Aspekt her betrachtet?
- Belohnung und Entspannung
- Stress, Druck und Frust
- Einsamkeit, Unsicherheit, Traurigkeit und Angst
- Langeweile und Überforderung

Keine Sorge, es gibt einige kurzfristige Tricks, die dir helfen, dich in der jeweiligen Situation selbst zu überlisten:

- Zähne putzen
- zwei große Gläser Wasser (evtl. mit Minze) trinken
- eine Minute zur Ablenkung, etwas ganz anderes machen! (Kniebeugen, kaltes Wasser ins Gesicht...)
- Atemübungen
- an die frische Luft gehen
- telefonieren....

Langfristig kann man seine Gewohnheiten im Bereich Ernährung ändern, mentale Übungen einführen und die sportlichen Aktivitäten steigern. Ja, das ist natürlich weniger einfach, aber genau darum geht es. Die Verbindung zwischen Körper, Geist und Herz funktioniert nur dann, wenn wir immer und immer wieder üben. Das schaffen wir nur durch Wiederholungen und Routinen. Die Gewohnheit, sich nach einem langen Tag mit Süßem oder Wein zu belohnen und auf dem Sofa zu entspannen, bringt langfristig nichts.

Was könntest du also stattdessen tun? Du brauchst etwas als Kompensation, wie zum Beispiel:

- einen Entspannungsspaziergang am Abend machen
- einen Teller mit Rohkostgemüse vorbereiten
- eine kleine Menge Obst verzehren, dabei den Fruchtzucker nicht vergessen
- viel Tee oder Wasser mit Pepp (Zitrone, Ingwer, Minze, Gurke, Orange) trinken
- gesunde Süßigkeiten oder Knabbereien (Bitterschokolade, Nüsse, Trockenfrüchte, Parmesan Chips...) bevorzugen

Wenn du das einmal schaffst, ist das schon sehr gut. Ist damit aber das Problem behoben? Nein, denn du musst es immer und immer wieder tun, damit deine Gewohnheit sich ändert, und die Verbindung zwischen Körper, Herz und Geist neu sortiert wird.

Die Einserregel

Kennst du die Einserregel? In diesem Kapitel werde ich sie dir an einem typischen Beispiel vorstellen und aufzeigen, wie sehr sie dir helfen kann, wenn du sie internalisierst.

Die Regel besagt, dass du in dem Moment, in dem du eine kleine Entscheidung triffst, kurz innehälst und dir über die möglichen Konsequenzen klar wirst.

Nehmen wir zum besseren Verständnis eine klassische Stress-Situation als Beispiel. Eine Frau kommt nach einem sehr anstrengenden Tag nach Hause. Die Kinder sind unruhig, und alles nervt nur noch. Endlich sind sie im Bett, und die Frau möchte sich belohnen. Sie steht vor dem Schrank mit den Süßigkeiten und will gerade zugreifen.

Das ist er, der Moment der Entscheidung, der Moment der Einserregel.

Es gibt zwei mögliche Wege, und ich werde sie bewusst sehr überspitzt darstellen, denn durch die Übertreibung wird es deutlicher.

Weg 1:

- Ich entscheide mich in dieser Sekunde, die Schokolade als angebliche Belohnung für einen langen Tag zu essen.
- 1 Sekunde später habe ich eine Ausschüttung von Endorphinen, fühle mich gut und greife noch mehr zu.
- 1 Minute später habe ich die ganze Tafel gegessen.
- Nach 1 Stunde geht es mir nicht mehr gut, denn ich habe ein schlechtes Gewissen. Zudem fühle ich mich als Versager und weiß, dass das tatsächlich keine Belohnung für meinen Körper war.
- 1 Tag später habe ich das Gefühl, das Ganze einfach nicht in den Griff zu kriegen. Ich fühle mich frustriert

und greife vor lauter Frust noch einmal zu, denn "Jetzt ist es sowieso schon egal."

- 1 Monat später habe ich mich daran gewöhnt, ein Frustesser zu sein, denn "Ich bin halt so".
- 1 Jahr später habe ich weitere 20 Kilo zugenommen, fühle mich sehr unwohl in meinem Körper und bin unzufrieden mit meinem Leben.

Weg 2:

- Ich entscheide mich in dieser Sekunde, die Schokolade nicht zu essen.
- 1 Sekunde später verlasse ich die Küche und mache einen kurzen Spaziergang oder eine Atemübung auf dem Balkon.
- 1 Minute später fühle ich mich gut, habe tief durchgeatmet und verstanden, dass ich keine Schokolade als Belohnung brauche.
- 1 Stunde später habe ich ein gesundes Abendessen zu mir genommen und bin stolz auf mich.
- 1 Tag später habe ich das Gefühl, dass ich das Gleiche wieder schaffen kann, da ich es ja gestern auch schon geschafft habe. Ich freue mich über meine Stärke und bleibe weiter dran.
- 1 Monat später habe ich mich daran gewöhnt, gesunde Alternativen für meinen Stress-Hunger zu finden und diese auch umzusetzen.
- 1 Jahr später fühle ich mich fit, habe seit einiger Zeit auch mit dem Sport begonnen und kann mit Stress viel besser umgehen. Ich fühle mich rundum wohl in meinem Körper.

Ich gebe zu, das ist ein sehr extremes Beispiel, aber es zeigt wunderschön, wie die Einserregel funktioniert. Der Moment, in dem du diese kleine Entscheidung triffst, erscheint vielleicht nicht relevant, denn das Leben gibt dir wie immer nicht direkt Feedback.

Aber jede, auch eine ganz kleine Entscheidung hat im Großen und Ganzen gesehen eben doch eine Relevanz. Es ist so einfach es zu tun, und es ist genauso einfach es nicht zu tun. Die Wahl haben wir immer und immer wieder, bei jeder kleinen Entscheidung.

Wenn wir uns die verschiedenen Bereiche unseres Lebens anschauen, lohnt es sich auf jeden Fall, einmal Bilanz zu ziehen:

- Welche kleinen Entscheidungen triffst du jeden Tag im Bereich deiner Arbeit, im Verhalten mit den Kindern, in der Partnerschaft, mit Freunden oder Bekannten, bei Hobbies, im Bezug auf die Finanzen und auf deine Gesundheit?
- Welches sind die kleinen Entscheidungen, die du immer wieder triffst, obwohl sie vielleicht nicht gut für dich sind?

Du kannst gerne eine Liste anfertigen mit Dingen, die du in jedem Bereich deines Lebens noch tust, obwohl sie vielleicht nicht so sinnvoll sind. Und dann überlegst du dir, wie du diese kleinen Entscheidungen in Zukunft ändern könntest. Und nicht vergessen, wir reden nicht von unglaublich wichtigen, großen Dingen, sondern von den KLEINEN Entscheidungen, die man so leicht übersehen kann.

Beispiele dafür könnten sein, und dabei ist es deine Aufgabe, zu schauen, zu welchem Bereich deines Lebens das Beispiel gut passt:

- Der "Coffee to go" um die Ecke
- Das ausgefallene Frühstück
- Das "Snoozern" und nicht direkt aufstehen, wenn der Wecker klingelt
- Das Berieseln lassen vom Fernseher am Abend
- Der Snack auf der Couch
- Die Schokolade nach dem Essen

- Der kurze Weg mit dem Auto
- Die Diskussion mit dem Kind über das unordentliche Zimmer
- Das Horrorbuch zum Einschlafen
- Die Zeit am Handy
- Das Glas Wein oder Bier
- Der Vorwurf an den Partner
- Die Aufregung über die Nachbarn
- Das "Guten Morgen" in 10 WhatsApp Gruppen
- Der Post auf Facebook, Instagram…
- Das zwanzigste Paar Schuhe
- Der Einkauf bei Amazon
- …..

Ihr seht, es gibt unzählige Entscheidungen, die wir täglich treffen. Wichtig dabei ist, dass wir erkennen, welche auf Autopilot gut für uns sind und welche nicht. Das ist eine Übung des Erkennens, Verstehens und Veränderns.

Nehmen wir noch ein anderes Beispiel aus dem Sport, denn hier wird es ebenfalls besonders deutlich. Ein Junge hat ein absolutes Talent zum Fußball spielen. Schon seit er klein war, dribbelte er mit Begeisterung und spielte am liebsten den ganzen Tag nur Fußball. Als Schüler war er dann immer einer der besten im Verein.

Was wäre, wenn dieser Junge, zweifelsohne mit Talent gesegnet, nun nicht mehr trainieren würde, da er ja sowieso weiß, dass er richtig gut ist? Was würde dann relativ bald passieren? Er würde nicht nur seine Kondition, sondern auch seine Fertigkeiten mit dem Ball verlieren. Warum? Weil es beim Sport sehr offensichtlich ist, dass Übung eben doch den Meister macht.

Ein anderer Junge mit deutlich weniger Talent macht zeitgleich weiter, trainiert fleißig und versucht immer und immer wieder alles, um sich zu steigern. Was wird mit absoluter Sicherheit irgendwann eintreten? Er wird eines Tages besser sein als der erste Junge, obwohl er im Grunde weniger Talent hatte.

"*Consitency always beats talent*" ist eine meiner Lieblingsaussagen, gemeint ist Konstanz, Beharrlichkeit und Stetigkeit sind wichtiger als Talent. Es geht wieder einmal um das Dranbleiben und Umsetzen, Tag für Tag, das tägliche Treffen der kleinen, positiven Entscheidungen, die wirklich langfristig einen Unterschied machen. Wesentlich ist dann nicht mehr das Talent, mit dem jeder Einzelne gestartet ist.

Natürlich ist es absolut ideal, wenn ein Mensch ein unglaubliches Talent hat und dazu noch mit Freude und Zuversicht übt und übt. Aber auch wenn du dein wahres Talent noch nicht entdeckt hast, stehen dir alle Türen offen. Egal, was du im Leben erreichen möchtest, du kannst es schaffen, wenn du die Zeit für dich nutzt, sprich, wenn du die kleinen Entscheidungen jeden Tag zu deinen Gunsten triffst und dich in die Richtung weiterentwickelst, die du anstrebst.

Wendet doch einmal die Einserregel bei euch selbst an, und ihr werdet sehen, was für interessante Ergebnisse sie hervorbringen kann. Wow, jetzt haben wir aber viele Möglichkeiten durchgeschaut. Vergiss dabei nicht, nicht alles auf einmal. Wir starten immer mit kleinen Schritten.

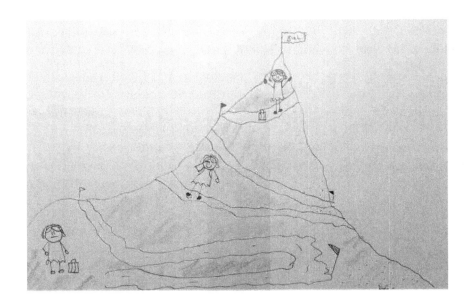

TEIL 6 Meine noch persönlicheren Geschichten

Meine kleinen Entscheidungen

In diesem sechsten Teil meines Buches möchte ich dir Geschichten aus meinem eigenen Leben erzählen. Alle vorherigen Episoden habe ich erlebt und niedergeschrieben. In diesem Teil wird es nun noch persönlicher.

Ich hatte eine wunderbar unbeschwerte Kindheit, und es wurde mir beigebracht, wie wichtig es ist, etwas zu leisten und "Dranzubleiben". Und nachdem ich gebürtige Schwäbin bin, war dabei natürlich auch das bekannte "Schaffa, schaffa, Häusle baua" ein wichtiges Thema.

Mit 19 Jahren machte ich mich auf in die weite Welt, lernte Fremdsprachen, zog ein durchaus anspruchsvolles Studium (Internationale BWL im Doppeldiplom Deutschland/Spanien) im Ausland durch und landete danach in einem großen, erfolgreichen Kosmetikunternehmen.

War dieser Weg immer einfach? Nein, aber ich war mit dem richtigen Werkzeug ausgestattet: Ich wusste, dass ich durch cleveres Arbeiten und Dranbleiben ans Ziel kommen kann, – und das Ziel war natürlich ein toller Job, Anerkennung und ein gutes Gehalt.

Ich stieg auf der Karriereleiter nach oben, war stets präsent, hoch motiviert und immer bereit, einen Tick mehr zu geben als die meisten. Und das wurde belohnt, immer schneller, immer weiter, immer erfolgreicher. Ich war unglaublich stolz auf meinen Weg, meine Karriere, meine vielen neuen Freunde, die dasselbe taten wie ich, und so vergingen die Jahre mit Arbeiten, Feiern, Arbeiten und Feiern. Meine Anerkennung zog ich aus meiner Fähigkeit, immer alles zu schaffen, sogar nach mehreren Nächten "Tanz auf den Tischen" war ich immer noch fit für sämtliche Präsentationen.

Ja, ich lernte es, dranzubleiben und weiterzumachen. Nur ein kleiner, jedoch wichtiger Aspekt entging mir dabei leider: Ich achtete weder auf meinen emotionalen Zustand noch auf meinen Körper. Schon deutlich früher als mir selbst, fiel es meiner Familie auf, dass diese Geschwindigkeit nicht gut gehen konnte. Aber das wollte ich nicht hören, denn es klappte ja alles. Also machte ich weiter, denn ich zog doch die Anerkennung aus meiner Leistung. Keine Leistung zu bringen, hieß gleichzeitig keine Anerkennung zu bekommen.

Außerdem hat Leistung die unangenehme Eigenschaft, immer intensiver zu fordern, und so ging es weiter auf dem Weg nach oben. Wider jegliches Bauchgefühl startete ich den Weg zum nächsten Ziel, denn es gab jeden Tag genug zu tun auf meiner To-do-Liste. Heute weiß ich, dass eine Entscheidung, die bei mir nicht mit dem Bauchgefühl übereinstimmt, wie ein Bumerang in mein Leben zurückkommt.

In diesem Fall passierte das schon relativ bald, denn es folgten Kopf- und Nackenschmerzen, ein verspannter Kiefer, Müdigkeit, Übelkeit, Schlafstörungen und dadurch bedingt, Monate mit vielen

Arztbesuchen. Ich versuchte es mit chinesischer Medizin, mit Homöopathie und Osteopathie, aber alle Ärzte stellten fest, dass ich organisch gesund war. Eines Morgens sagte eine bewundernswerte Osteopathin zu mir: „Simone, ich kann dich nicht behandeln, ich möchte dir eine Psychiaterin ans Herz legen, die dir eher helfen kann." Welch ein Schlag in die Magengegend! Meine innere Stimme meldete sich sofort: „Du kannst doch nicht zum Psychiater gehen, was werden denn die Leute dazu sagen?" Aber um ehrlich zu sein, ich war seelisch und körperlich so fertig, dass selbst diese Stimme mich nicht mehr abhalten konnten. Und soll ich was sagen? Es war das Beste, was ich tun konnte.

Vielleicht fragst du dich jetzt, was das mit dem Dranbleiben und dem #ichmachdasjetzt zu tun hat? Und deshalb schließe ich nun den Kreis. Wir hatten darüber gesprochen, dass es oftmals ein einschneidendes Erlebnis ist, das uns dazu veranlasst, etwas zu ändern, und dass es aber trotzdem nicht immer ausreicht, um wirklich langfristige Veränderungen zu schaffen.

Ich habe dies am eigenen Leib gespürt. Immer wieder dachte ich, ich hätte es schon geschafft, dem "Ausgebrannt sein", ja ganz klar, der Depression, den Rücken zu kehren. Ich dachte, ich wäre schon bereit, die Herausforderungen des Lebens und des Jobs wieder anzunehmen. Manchmal passierte das nach einer erfolgreichen Sitzung, manchmal nach einer gelungenen Präsentation („Es ist sowieso alles gut, ich kann das ja") oder spätestens nach einer 4-wöchigen Krankenphase, die ich zum Erholen nötig hatte.

Aber was war das wirklich? Es war ein Davonlaufen, ein Davonlaufen vor meiner Verlustangst. Ich hatte einfach Angst, diesen Job zu verlassen, war er doch alles, was mir Anerkennung eingebracht hatte. Der Leidensdruck war also immer noch nicht hoch genug. Bis zu dem Moment, in dem ich einfach zusammenbrach. Erst da war ich bereit, loszulassen und mich krankschreiben zu lassen. Tief in mir ahnte ich schon, dass dies ein Abschied für immer sein sollte.

Dabei begab ich mich nun in das andere Extrem. Ich nahm mir viel Zeit, mich zu erholen, mich selbst zu verstehen, meine eigenen Strukturen zu erkennen und langsam auf einen anderen Weg zu kommen. Ich ließ mich fallen, mich tragen und heilen. Rückblickend kann ich sagen, dass ich für jeden Tag und jede Stunde dieser Zeit unendlich dankbar bin.

Mit der Zeit veränderte sich mein Fokus, und der Wunsch nach einer Familie drängte sich in den Vordergrund. Langsam kam dann auch der Drang wieder, etwas arbeiten zu können.

Ich begeisterte mich, zu diesem Zeitpunkt, wir lebten gerade in Zagreb/Kroatien, für Job Alternativen, mein gemeinnütziges Engagement bei Mary's Meals und neue Marketing Positionen. Außerdem ging ich in der Planung unserer Hochzeit auf.

Aber hatte ich tatsächlich alles hinter mir gelassen? Hatte ich meine Strukturen geheilt? Hatte ich wirklich verstanden, warum ich krank geworden war? Ich denke nein. Das war aber auch völlig in Ordnung, denn das Leben gibt dir immer nur das, was du in dem Moment auch verarbeiten kannst. Und genau in dem Moment, als ich dachte, ich wäre wieder fit und was kostet die Welt, kam die Diagnose: Gebärmutterhalskrebs.

In meinen Coachings sage ich sehr gerne „Und das ist der Moment, in dem das Leben mit dem großen Hammer kommt, um uns etwas zu sagen". Ich möchte hier nicht zu lange verweilen, die Zusammenfassung ist, es ist alles gut gegangen, da der Krebs früh entdeckt wurde. Entgegen der Ratschläge meiner Ärzte blieb meine Gebärmutter erhalten, und ich wurde schnell wieder gesund. Zwei Dinge aus dieser Zeit blieben mir aber über viele Jahre erhalten: Die Sorge um meinen damals noch ungeborenen Sohn und die ersten Schritte zu einem gesundheitsbewussten Leben mit richtiger Ernährung. Beides sind Themen, mit denen ich mich sehr lange beschäftigt habe, bis ich auf den heutigen Stand kam.

Es lohnt sich also, der Natur ihren Raum zu geben, dem eigenen Körper zuzuhören, wenn er etwas zu sagen hat und der Psyche Zeit zu lassen, sich an Gegebenheiten anzupassen und langsam in neue Gewohnheiten überzugehen. Es kann nicht alles auf einmal passieren, und Rückschritte wird es immer wieder geben.

Diejenigen, die mich kennen, wissen, dass ich stolze Mutter eines wunderbaren Sohnes bin, es ging also alles gut. Gab es anschließend keine Rückschläge mehr? Oh doch. Und immer wieder haben mich die kleinen Entscheidungen und die kleinen Schritte weitergebracht. Als Lukas 3 Jahre alt war, hatte ich noch einmal eine sehr starke Erschöpfung in Verbindung mit der Frage „wer bin ich eigentlich und was möchte ich in meinem Leben"?

Es folgte eine Zeit des Umbruchs, neuer Job, neue Erfahrungen, neue Menschen. Der Einstieg in die Welt des Online Coachings und der Beginn meiner eigenen Erfahrungen mit einem Coach. All das hat viel Bewegung in mein Leben gebracht. Die Persönlichkeitsentwicklung hat keinen Rückwärts-Knopf, einmal angefangen geht es immer weiter, und ich bin sehr dankbar, dass ich diesen Weg gewählt habe, sonst würdest du dieses Buch heute nicht lesen. Der große berufliche Einschnitt kam dann mit der Kündigung meines Angestelltenverhältnisses als Coach. Ich hatte 4 Wochen Zeit. 4 Wochen, um einen neuen Job zu finden oder mich selbständig zu machen. #ichmachdasjetzt – es war ein unglaublicher Schritt für mich. Selbständigkeit war nicht auf meinem Schirm, ich bin eine Beamtentochter, die Sicherheit ist über allem. Aber siehe da, wieder nur ein Glaubenssatz. Ich habe meine ganze Energie in den Aufbau meines Business gelegt und bin unendlich dankbar für diesen Sprung ins kalte Wasser.

Es war jedoch nicht nur der Mut, der mir geholfen hat, es war auch Konsequenz und die Macht der Gewohnheiten. Ich etablierte noch klarere Erfolgsgewohnheiten und ging meine Schritte Tag für Tag durch spannende Monate und Jahre. Ein Jahr möchte ich dabei besonders hervorheben. Viele werden vielleicht denken 2020 – das Jahr, das vieles über den Haufen warf. Nein, diesmal nicht.

2019 - Das Jahr der Berge, das Jahr der Täler

In diesem Kapitel bitte ich dich, mich auf meiner Reise zurück in das Jahr 2019 zu begleiten. Warum das Jahr 2019? Weil es ein spannendes Jahr war, so wie alle – und dennoch kann ich bei dieser Beschreibung sehr schön die Fragen herausarbeiten, die ich dir zur Verfügung stellen möchte.

Dabei möchte ich dich auch dazu anregen, die vergangenen Monate deines Jahres einmal Revue passieren zu lassen, darüber nachzudenken und einfach dankbar zu sein. Am Ende des Kapitels gebe ich dir einige Fragen mit, wie du zurückliegende Zeiten am besten reflektieren kannst.

Ich mache aus der österreichischen Hymne "Land der Berge, Land am Strome, Land der Äcker, Land der Dome...", "Land der Berge, Land der Täler" und deklariere das Jahr 2019 zum österreichischen Jahr für mich. Denn besser kann ich es nicht beschreiben, denn es war ein Jahr voller Höhen und Tiefen, voller Emotionen und Neuerungen mit unglaublich vielen spannenden Erfahrungen.

Gesundheitlich ging es mir im ersten Halbjahr fantastisch, ich hatte maximale Energie und war topfit. Im Spätsommer folgte dann der Beginn einer langwierigen Problematik mit der Halswirbelsäule. Ich bin inzwischen sicher, welche Ursachen und tieferen Gründe dahinter liegen. Es war wie immer eine Mischung aus allem, denn Körper, Geist und Seele gehören einfach zusammen.

Körperlich waren die Schmerzen durch eine jahrelange, unbewusste Fehlhaltung bedingt, die die gesamte Körperstatik beeinflusste. Viele Monate Sport und ein paar mechanische Übungen brachten das Fass zum Überlaufen. Ich lasse jedoch auch die psychosomatischen und seelischen Gründe nicht außer Acht und bin mir bewusst, dass sich in den letzten Jahren sehr viel in meinem Leben verändert hat. Viele Erfahrungen kamen so schnell in mein Leben, dass meine Seele noch nicht ganz nachkam.

Die Fragen, die mich am meisten beschäftigten und auch immer noch beschäftigen sind:

Wer bin ich wirklich? Was ist mir wichtig? Ich bin sehr guter Dinge, dass dieser Prozess künftig noch intensiver und positiver sein wird. Schon jetzt freue ich mich sehr über alle Erkenntnisse und nehme die Situation so an wie sie ist: Als ein wunderbarer Prozess auf dem Weg zum "Ichbinich" und der Wertschätzung aller.

Der große Bereich: Beruf - Berufung - Finanzen

Beruflich blieb dieses Jahr kein Stein auf dem anderen, es gab viele Umbrüche und überraschende Wendungen. Es folgte Mitte des Jahres der Beginn meiner Selbstständigkeit als Frauen-Coach für Selbstwert, Energie und Potentialentfaltung.

Wenn ich nicht so ins kalte Wasser geworfen worden wäre, glaube ich nicht, dass ich dieses hohe Maß an Energie hätte freisetzen können. Dafür bin ich gleichzeitig dankbar und stolz, dass es mir in kurzer Zeit gelungen ist, mein eigenes kleines Unternehmen aufzubauen. Ich darf mit wunderbaren Menschen zusammenarbeiten und jeden Tag aufs Neue den Mehrwert erleben, den ich mit meinen Trainings, Challenges und meinem generellen Engagement geben kann.

Ich lernte eine Menge Neues, probierte viele Dinge aus und kämpfte mich durch. Manchmal war es auch soweit, dass ich mir sagte: „Nein, ich kann das nicht", „Ich schaffe es nicht", „Ich werde finanziell untergehen", aber trotzdem blieb ich dran. Ja, ich kenne Existenz Ängste, sie sind völlig normal. Wichtig war und ist auch für mich der Umgang mit diesen Ängsten.

Aber nun zur Umsetzung: Ich hatte einen wunderbaren Job im Angestelltenverhältnis als Coach bei einem Online Startup-Unternehmen für Ernährung und Fitness. Wir hatten eine großartige Zeit, und ich durfte unglaublich viel lernen. Unsere Wege trennten sich dann aber sehr überraschend. Ich hatte vier Wochen Zeit, um egal welche Entscheidung in die Tat umzusetzen. Noch am selben Tag entschied ich mich, dass ich mich selbstständig machen wollte. Ich wollte das Risiko eingehen und einfach ins Handeln kommen.

Das setzte ich über vier Wochen um, nahm Videos auf, sprach mit Menschen, lieferte viel Content und führte Verkaufsgespräche. Innerhalb eines Monats konnte ich meine Selbstständigkeit aufbauen, ohne dass ich auch nur einen Euro meines Ersparten dafür investieren musste.

Ich blieb meinem Motto #ichmachdasjetzt treu. Denn auch wenn nicht immer alles rund lief, und nicht jeder Weg sofort der richtige war, machte ich weiter. Es gab einige kleine Umwege, manchmal sogar auch Sackgassen, aber trotzdem kann ich sagen, dass der berufliche Weg dieses Jahr einfach nur fantastisch war. Ich konnte mein Herzensbusiness aufbauen, und es so organisieren, dass ich davon leben kann. Dafür bin ich unglaublich dankbar, dankbar vor allem meinen lieben Teilnehmerinnen und allen Menschen, die mich dabei unterstützen. Ich danke euch allen von Herzen!

Der wunderbare Bereich: Privates

Das Jahr der Berge und der Täler, dieses Motto gilt bei mir auch für den privaten Bereich. Es gab viele Höhen und Tiefen in persönlichen Beziehungen, schulische Herausforderungen und wunderbare neue Menschen in meinem Leben. Ich durfte auf vielen Events und Seminaren tolle Erfahrungen machen und dabei eine Menge über mich, das Leben und die Welt lernen. Zuletzt wurden durch den Tod meiner geliebten Oma, der mich und meine Familie tief bewegte, die beiden Fragen „Wer bin ich? Was ist wirklich wichtig?" noch mehr in den Vordergrund gehoben.

Waren diese Erfahrungen leicht? Nein, das waren sie natürlich nicht. Nicht nur für mich, sondern auch für Menschen, die mir nahe stehen. Es waren einige schmerzhafte Momente dabei, und noch sind nicht alle Narben geheilt.

Alles zusammen machte dieses Jahr emotional gesehen zu einer echten Achterbahnfahrt. Viel Freude, großer Schmerz, eine Menge

Tränen, es war einfach alles dabei. Ich bin sehr dankbar für die Menschen, die mich in diesem Jahr begleitet haben. Dankbar für die vielen schönen Momente, und dankbar für die Erinnerungen, die ich ins nächste Jahr mitnehmen durfte.

Hier nun die Fragen, die dir bei deinen Überlegungen bei einem Rückblick auf deine persönliche Vergangenheit helfen können:

- Was waren deine wichtigsten Erlebnisse in allen Lebensbereichen?
- Gab es eine berufliche oder eine private Veränderung?
- Wo waren deine besonderen Herausforderungen?
- Was waren die besonderen Momente?
- Wo hattest du ein besonderes Learning?
- Welche Menschen sind neu in dein Leben getreten?
- Welche haben dich verlassen?
- Welche Erinnerungen sind die positivsten?
- Was waren für dich eher schwere Momente?
- Was könntest du daraus lernen?
- Und natürlich die für mich dominanten Fragen: Wer bin ich und was ist wirklich wichtig?

Die Weisheit des Alters

Ich erwähnte im letzten Kapitel ja bereits den Tod meiner Oma, der sehr schwer für mich war. In diesem Kapitel erfährst du, was wir von "den Weisen" lernen können, und ich möchte mit dir die vier Tipps, die meine Oma mir für ein glückliches Leben mitgegeben hat, teilen.

Bestimmt kennst du Sprüche wie "Im Alter wird man weiser" oder "In der Jugend lernt, im Alter versteht man". Es geht dabei immer um die Weisheit im Alter, wobei der Begriff "Alter" natürlich relativ ist.

Das Weihnachtsfest 2019 war für meine Familie in vielen Bereichen ein anderes Fest als sonst. Durch den Tod einer Oma und das fortschreitende Alter der anderen Oma, stand dieses Fest und auch der 27.12. (es wäre der 92. Geburtstag meiner Oma gewesen) im Zeichen der Erinnerung, des Gedenkens, der Dankbarkeit und des gemeinsamen Trauerns.

Ich hatte das große Glück, Mitte des Jahres 2019, mit meiner mittlerweile verstorbenen Oma ein sehr intensives Gespräch führen zu dürfen. Aus einer Eingebung heraus, die ich aus heutiger Sicht nur als Schicksal bezeichnen kann, nahm ich dieses Gespräch auf. Es war mir ein unglaubliches Bedürfnis, sie zu fragen, was sie mir aus der Sicht ihres Alters an Ratschlägen für mein noch junges Leben mitgeben kann. Es folgten gut 20 Minuten Videogespräch, in dem wir über die Arbeit, ihre Einstellung zu Menschen und auch über die Liebe gesprochen haben.

Wenn ihr ältere Menschen in eurem Umfeld habt, führt unbedingt solche Gespräche und nehmt teil an ihrer Weisheit. Lasst sie von ihrem Leben erzählen, von dem, was sie erfahren und gelernt haben. Die Weisheit des Alters ist kein leerer Begriff. Für mich ist es das Verständnis, das alte Menschen aufgrund ihrer Erfahrungen im Leben haben und das sie uns weitergeben können.

Dafür sollten wir sehr dankbar sein, so wie ich meiner Oma unglaublich dankbar bin, was sie mir alles mit auf den Weg gab. Ich bin überzeugt, dass die meisten älteren Menschen, egal, ob sie bereits dement sind oder nicht, sehr lichte Momente haben, in denen wir Jungen viel von ihnen lernen können. Was wir dazu brauchen? Demut, ein offenes Herz und die Geduld und Freude, wirklich zuhören zu wollen.

Meine Oma erzählte mir viel über die Arbeitswelt von damals, über ihre Aufgaben im "Gipsergeschäft" meines Opas, über die Ehe, aber auch über die Zeiten im und nach dem Krieg.

Ich möchte hier die vier wichtigsten Dinge, die alle Lebensbereiche abdecken, weitergeben.

Ihr werdet zwar vermutlich nichts völlig Neues erfahren, aber erkennen, dass es sich lohnt, den alten Menschen zuzuhören. Es wäre auch falsch, alte Sprüche einfach nur als überholt und antiquiert abzutun. Besser ist es, nach ihrem Sinn zu fragen und zu schauen, wie man ihn im eigenen Leben umsetzen kann, und was man zukünftig vielleicht anders machen möchte.

- Wie man in den Wald hineinruft, kommt es wieder heraus.
- Sei dankbar für alles, was du hast und bist.
- Nimm jeden Tag, so wie er ist.
- Gehe positiv auf Menschen zu, denn so wird Positives zu dir zurückkommen.

Wahrlich keine neuen Erkenntnisse, oder? Aber sind es nicht genau die Dinge, die in der heutigen Gesellschaft immer öfter untergehen? Liegt es nicht an uns allen, vor unserer eigenen Türe zu kehren und zu schauen, wie es mit diesen vier Punkten aussieht?

Ich möchte dich motivieren, zu überdenken, in welchen Lebensbereichen, du diese Ratschläge noch nicht ganz umgesetzt hast. Es ist so wertvoll, dies immer wieder zu tun. Und was brauchen wir dafür? Die Absicht, es zu tun und die Zeit, die wir uns dafür nehmen. Wir werden auf den folgenden Seiten noch sehen, was uns dabei eher abhält und was uns hilft.

Soziale Medien

In diesem Kapitel möchte ich untersuchen, ob die sozialen Medien wie Facebook oder Instagram für uns mehr Fluch oder Segen bedeuten. Außerdem gebe ich dir Tipps für den Umgang mit ihnen, damit dieser gesund und produktiv bleibt. Zuletzt erzähle ich dir von meinen Erfahrungen mit einer Woche ohne Handy.

Wann begann eigentlich dein Weg in den sogenannten sozialen Medien? Erinnerst du dich noch daran, warum du dich angemeldet hast? Ich weiß es noch genau, ich meldete mich 2007 nach einem Urlaub in Costa Rica bei Facebook an. Der Grund war, dass ich mich mit meinen neuen Freunden, die im Ausland lebten, vernetzen wollte. Und während meines Studiums in Spanien gelang so auch der Austausch mit den Freunden in Deutschland, die nun weit weg waren.

Erst Jahre später veränderte sich die Rolle der sozialen Medien für mich. Ich erlebte eine sehr schwierige Schwangerschaft, in der ich über sechs Monate liegend verbrachte, allein in einer klitzekleinen Wohnung. Ich vernetzte mich mit anderen Schwangeren, mit Müttern und immer mehr wurde Social Media auch eine Möglichkeit, mich aus meinem kleinen Kämmerlein heraus mit anderen auszutauschen. Das war in dieser Zeit ein wichtiger Anker der Gemeinschaft für mich.

Welche Rolle spielen diese Portale und Kanäle eigentlich? In erster Linie sehe ich die Möglichkeit der Vernetzung zwischen den Menschen. Das können wie bei mir Freunde oder Verwandte, auch im Ausland, sein. Immer mehr zeigt sich jedoch auch die Bedeutung der Facebook Gruppen, in denen sich an sich fremde Menschen mit ähnlichen Interessen austauschen können. Hier entstanden schon viele Freundschaften, die ins echte Leben reichten.

Aus der rein privaten Nutzung ist - egal auf welcher Plattform - schon lange, die Möglichkeit der beruflichen Vernetzung gewachsen. Es gibt Austausch und Kooperationen, und es wurden auch ganze Branchen durch die sozialen Medien erst möglich. Eine sehr schnelle und wunderbare Entwicklung, die ich natürlich nicht missen wollen würde.

Dennoch hat die starke Nutzung der Sozialen Medien, egal ob privat oder beruflich, auch einige Herausforderungen und Gefahren.

- Beispielsweise die Gefahr, zu sehr in der virtuellen Welt zu verweilen, und dabei die reale Welt zu vernachlässigen. Durch den Abbruch des Kontaktes zu echten Menschen kann man trotz der "falschen" Gemeinschaften im Internet immer mehr in die Isolation geraten.
- Durch das permanente Gefühl "Ich darf nichts verpassen" besteht Suchtgefahr.
- Man muss erkennen, dass die virtuelle Welt nicht der realen Welt entspricht. Durch den Algorithmus der unterschiedlichen Plattformen wird uns eine Welt suggeriert, die nur virtuell so erscheint. Wenn man auf bestimmte Inhalte klickt, werden im Anschluss immer mehr von den "passenden" Themen angezeigt.
- Die andauernde Suche nach Anerkennung über Likes und Kommentare und der Vergleich mit scheinbar tollen Menschen können das Selbstwertgefühl stark schädigen. Wer seine Anerkennung ausschließlich in diesem Außen sucht, verliert sich immer mehr.
- Je mehr wir uns mit bestimmten Dingen beschäftigen, desto mehr kommen diese zu uns in unser Leben. Das gilt im realen Leben, aber noch viel mehr im virtuellen Leben in den Sozialen Medien. Wir ziehen Dinge in unser Leben, an die wir denken, auf die wir unseren Fokus lenken. Wenn wir den Fokus auf Posts über Depressionen legen, dann werden wir auch immer mehr dieser Posts sehen und somit leicht in eine Spirale nach unten geraten. Das geht auch andersherum.

Beim Umgang mit den Sozialen Medien sollten wir uns in erster Linie sehr bewusst sein, was wir tun. Ein Erkennen, sowohl der Risiken als auch der Chancen sind die Basis für einen gesunden Umgang damit.

1. Man sollte sich immer wieder folgende Fragen stellen:
   - Warum poste ich das und was erwarte ich mir davon?
   - Warum schaue ich mir das an? Warum kommentiere ich das?
   - Warum bin ich in dieser Gruppe? Tut mir das gut?

2. Wichtig ist, das eigene Verhalten stets zu reflektieren:
   - Ist es nötig die "Push Benachrichtigungen" überall eingestellt zu haben?
   - Was bringt mir dieser Post (auch im professionellen Umfeld)?
   - Bin das ich, oder ist es nur eine Rolle, die ich spiele?
   - Wenn ja, warum spiele ich sie, was ist der wahre Grund dafür?
   - Muss ich wirklich in dieser Gruppe sein?
   - Und immer wieder die Fragen: Was tut mir gut und wer bin ich?

Hast du dir einmal überlegt, wie es wäre, dein Handy für eine Zeit zu Hause zu lassen und nur im echten Leben zu leben? Genau das habe ich ausprobiert, und hier sind meine persönlichen Erkenntnisse aus einer Woche ohne Soziale Medien und Handy.

Ich habe durch meine vielen Etappen im Ausland Freunde und Bekannte in der ganzen Welt verteilt, und durch meinen Job bin ich sehr viel online, also quasi doppelt "vorbelastet". Da es mich sowohl privat als auch beruflich betrifft, beschloss ich eine Woche bewusst abstinent zu sein, um zu sehen, wie sich das auf mich auswirken würde.

Hier meine Erkenntnisse, die ich daraus zog:

- Ich muss gar nichts! Das bedeutet, es wird nichts Schlimmes passieren, wenn ich ein paar Tage nicht online bin.
- Weniger ist mehr! Ich lege den Fokus auf weniger Posts und auf die Qualität und den Mehrwert, den ich bieten kann.
- Ich liebe es! Ich liebe Stories, ich liebe Posts! Ich bin mir der Gefahr bewusst, und ich werde deswegen immer genau hinschauen, warum ich manche Dinge tue.

Und dann war da noch der Moment … in dem du einfach ruhig wirst.

Durch Stille zur Gelassenheit

Nach der im letzten Kapitel beschriebenen Woche ohne die Sozialen Medien ging ich noch einen Schritt weiter, und davon möchte ich dir in diesem Kapitel berichten. Es handelt sich hier um ein sehr spannendes Thema, die Stille. Ich erzähle dir von meinen persönlichen Erfahrungen in meinen Stille-Tagen und gebe dir Tipps, wie du durch Stille zu mehr Gelassenheit und Zuversicht kommst.

Ich bin ein Mensch voller Bewegung und Action, mit einem sehr unruhigen Geist. Mein Motto ist - privat wie beruflich - **#ichmachdasjetzt**, und dieses Motto lebe ich auch. Umso mehr Respekt habe ich vor der Stille. Mitten im Chaos, mitten im Trubel, mitten im Ausnahmezustand, mitten in der ersten Woche des kompletten Lockdowns in Österreich, mitten in der Zeit des Homeschoolings traf ich die Entscheidung, mich in die Stille zurückzuziehen.

Die Stille macht mir manchmal Angst, weil ich weiß, dass ich dabei auch mich mit dem Thema Bedeutungslosigkeit (dem Gefühl nicht wichtig zu sein, leer oder einsam zu sein) auseinandersetzen darf, und dennoch war es genau zu diesem Zeitpunkt für mich klar, wenn Stille-Tage, dann jetzt.

Ich tat also etwas sehr Verrücktes, besonders in einer Zeit, in der alle immer lauter und aggressiver werden, in denen die Energie irgendwie zu spüren ist, voller Spannung und Schnelligkeit. Ich entschied mich, aus der Zeit auszusteigen und in die Stille zu gehen. Ich wollte alles anhalten um mich nach innen zu kehren. Ich wollte schauen, was passiert, wenn der Tumult im Außen ausgeschlossen wird, und ich mich stattdessen mit meinem eigenen inneren Tumult beschäftige.

Eines aber gleich vorab: Für einen unruhigen Geist wie mich war es eine absolute Herausforderung und daher gleichzeitig ein großes Wunder, dass ich es schaffte.

Der wichtigste Grund, einen solchen Rückzug anzutreten, ist einen Grund dafür zu haben! Und ich hatte einen. Meine klare Absicht war es, noch mehr inneren Frieden und Klarheit zu finden, in dem ich immer mehr im JETZT ankomme und jeden Moment bewusst wahrnehme.

Es gibt viele unterschiedliche Möglichkeiten, die Stille zu suchen, denn jeder Mensch ist individuell und nutzt solche Angebote anders. Während der Eine versucht, diesen Prozess in den Alltag zu integrieren, ziehen sich andere vier Tage komplett alleine zurück. Kloster, Seminarhotel, Natur? Allein, mit einem Lehrer, mit einer Gruppe? Ich entschied mich für ein Online Stille Retreat.

Die Stille-Tage in den normalen Alltag zu integrieren, wäre für mich schwierig gewesen, denn mein Alltag ist so voll, voller Bewegung, voller Aktion und voll geistiger und körperlicher Hektik, dass ich auf jeden Fall einen wirklichen Rückzug wählen wollte.

Nur so konnte ich mich ganz darauf einlassen und den nötigen Abstand zu allem haben. Jeder Geist ist anders, meiner ist sehr rege und unruhig, und es fällt mir nicht immer leicht, abzuschalten. Daher entschloss ich mich, 2,5 Tage völlig den Rückzug anzutreten.

Du fragst dich vielleicht, wie so etwas abläuft. Es war ein geführtes Retreat mit einem Angebot an verschiedenen Tagespunkten (aktive und stille Meditationen, Impulse, Teachings, Yoga), die man entweder komplett oder teilweise wahrnehmen konnte.

- Stille Meditation am Morgen
- Yoga und Meditation am Morgen
- Vormittags Impuls
- Mittags Teaching und Stille Meditation
- Nachmittags Impuls
- Aktive Meditation
- Abend Teaching und Stille Meditation

An den Rückzugstagen machte ich in den Zwischenpausen Spaziergänge in der Stille, schrieb meine Gedanken auf, beobachtete die Natur oder stundenlang unsere Meerschweinchen, schlief, genoss die Badewanne und bewunderte den Kerzenschein. Also einfach "nichts".

Ich sprach in diesen Tagen nichts, außer vielleicht ein paar Worte mit den Meerschweinchen oder eine kurze Absprache mit meinem Mann, aber nicht mehr. Social Media Kanäle, Nachrichten und auch alles andere waren aus. Erst am dritten Tag hatte ich ab Mittag meine Familie um mich, trotzdem konnte ich auch in der zweiten Tageshälfte immer wieder bewusst auf mich achten und meine Fixpunkte integrieren.

Am vierten Tag war ich dann zurück im Alltag und begann damit, das Erlernte in diesen zu integrieren. Somit fing der Morgen mit meiner üblichen Morgen-Routine an, die ich allerdings etwas ausdehnte. Stille Meditation und Sport dauerten ebenfalls länger als sonst und wurden um 2-3 Yogaübungen ergänzt. Auch während der Arbeitszeit schaute ich immer wieder bewusst auf mich, achtete auf meinen Atem und legte meine Aufmerksamkeit auf den Moment. Selbst die Mittagsmeditation ließ sich trotz Kind integrieren.

Für mich war es die größte Herausforderung, in der Stille auszuhalten. Egal, wie mein Körper reagierte, welche Gefühle sich auch zeigten oder wie oft meine Gedanken abschweiften, ich konnte mich immer wieder zurückzuholen. Ich schaffte es tatsächlich erstmals einfach "da" zu bleiben, bewusst zu sein, zu atmen und alles kommen und wieder gehen zu lassen.

Als Mensch mit einer gehörigen Portion Leistungsdruck und Motivation im Popo (ich bin ja nicht umsonst die "Popotreterin mit Herz"), hat mich der Gedanke "Jeder Atemzug zählt" sehr unterstützt.

Ich kann nicht alles in meinen Alltag integrieren, aber viele der neuen Elemente werden Teil bleiben, und so gehe ich nun viel bewusster durch den Tag. Meine morgendliche Meditation, die sowieso Teil meines Morgenrituals ist, wird zumindest für die nächsten Monate eine Stille Meditation sein. Mein tägliches Sportprogramm erweitere ich um ein paar Yogaübungen, und auch am

Abend wird die Meditation für ein paar Wochen in eine Stille Meditation verwandelt. Dazwischen werde ich immer wieder Atemübungen machen, in den Moment atmen und versuchen, bewusster "da" zu sein.

Meine drei Tipps für dich, deine Stille und deine Gelassenheit:

Auch wenn du jetzt gerade nicht die Möglichkeit hast, dich ein paar Tage völlig zurückzuziehen oder ein Retreat zu machen, so kannst du trotzdem vieles in deinen Alltag integrieren, das dir hilft, mehr Stille in dein Leben zu holen. So kannst du mehr Gelassenheit und Zufriedenheit, statt Chaos und Unsicherheit, erreichen.

- Versuche, bewusst zu atmen! Egal, was du tust, halte immer wieder inne und nimm 2-3 bewusste Atemzüge.
- Achte auf alles, was du machst und tue es bewusst! Beim Essen beispielsweise nicht mit dem Handy spielen, beim Arbeiten nicht den Kaffee hinunterstürzen, beim Spazieren gehen oder Autofahren bewusst dabei sein und nicht telefonieren, beim Sport auf den Körper achten und nicht an die To-do-Listen denken...
- Limitiere den Gebrauch der Sozialen Medien und das Aufnehmen von Nachrichten! Triff eine Vereinbarung mit dir, wie du diese Zeiten minimierst. Beispielsweise gestattest du dir einmal am Tag Nachrichten und Social Media Zeiten von maximal xx Stunden. Das hängt auch davon ab, ob du beruflich damit arbeitest. Lege außerdem generelle NO Social Media Zeiten fest und kommuniziere dies auch mit jemandem, z.B. deinem Coach oder Freunden.

Du siehst es gibt viele Möglichkeiten, in die Stille zu gehen, und es lohnt sich immer.

Im Folgenden möchte ich als kleinen Bonus für dich, denn du hast bis hier her gelesen und hoffentlich dein Leben schon so richtig auf den Kopf gestellt, ein extra Kapitel zur Verfügung stellen. Ich habe sehr oft in meinen Coachings festgestellt, dass Selbstzweifel nicht nur auf dem Weg zur Selbstliebe ein großes Thema sind, sondern auch auf dem Weg zum beruflichen und finanziellen Erfolg.

Deswegen widme ich mich hier noch dem besonderen Thema, wie du deine Selbstzweifel verwandeln kannst in echten Erfolg.

Bonuskapitel:

#ichmachdasjetzt - Wie du dein Wissen umsetzt

„Das Lernen macht stets dann Verdruss',
wenn man's nicht will, es aber muss."
(Heinz Erhardt)

Heinz Ehrhardt war ein interessanter Zeitgenosse, und mit diesem Zitat möchte ich direkt in unser Thema "Loslegen und Durchstarten" einsteigen. Für mich sind aus meiner Erfahrung als Frau, Mutter, Ehefrau, Weltreisende, Betriebswirtschaftlerin, Karriere Tante, Frauen Coach und Popotreterin mit Herz drei Punkte wichtig, die den Erfolg in deinem Leben und in deinem Business möglich und wahrscheinlicher machen.

Ich gebe Heinz Erhardt recht, das Lernen macht keinen Spaß, wenn man es muss. Das beste Lernen passiert aus eigenem Antrieb, weil wir selbst wachsen wollen. Dies habe ich in meinem Leben mehrfach durchlebt, immer wieder mit Erfahrungen untermauert, die mir ein wunderbarer Wegweiser für meinen persönlichen und beruflichen Erfolg geworden sind.

Lernen und Wissen

Wir Menschen lieben es, zu lernen. Es liegt in unserer Natur, Neues zu lernen, immer wachsen zu wollen und neugierig zu sein. Wir wachsen damit auf, denn bereits das Leben eines Kindes besteht nur aus Lernen, Wissen erwerben und dieses direkt umzusetzen.

Oftmals verlernen wir das als Erwachsene. Im Hamsterrad unseres Lebens und Alltags befinden wir uns häufig in der Sackgasse der Eintönigkeit. Ein normales Leben mit einem guten Job, Familie und Hobbys muss zwar nicht langweilig sein, doch unser Geist braucht ebenso wie auch unser Körper immer wieder Nahrung. Und so gehört Lernen zu unseren Grundbedürfnissen, und es liegt an uns, dieses Bedürfnis auch als Erwachsene weiter zu befriedigen. Sich Wissen anzueignen, hält Geist und Körper fit, stützt unser Immunsystem und hilft uns, beweglich im Geiste zu bleiben. Somit können wir auf Veränderungen besser eingehen, schnellere Lösung für aktuelle Herausforderungen schaffen und so immer wieder gute Wege für uns, unsere Mitmenschen und unser Business finden.

Ich durfte immer wieder die Erfahrung machen, wie Lernen und die Aufnahme neuen Wissens mein Leben veränderten. Als ich direkt nach der Schule ohne ein Wort Spanisch zu sprechen nach Spanien gezogen bin, habe ich natürlich zuerst die Sprache gelernt. Was sich daraus entwickelte, beeinflusste mein ganzes Leben. Nicht nur meine akademische und berufliche Karriere, sondern sicherlich auch meine Einstellung zu Kulturen, zu Reisen und zu meiner eigenen persönlichen und aufgeschlossenen Perspektive der Welt.

Oftmals vergessen wir das Lernen und das Wachsen, und dann passiert es nicht selten, dass uns erst ein Schicksalsschlag wieder daran erinnert. Zuerst unfreiwillig, und wir wollen es nicht wahrhaben. Früher oder später jedoch bleibt uns nichts anderes übrig, als mit der bestehenden Situation zurechtzukommen, Lösungen zu finden und neue Wege zu gehen.

Natürlich ist es sehr schade, dass es häufig zu solchen Schicksals-schlägen wie Krankheiten, Todesfällen in der Familie, Trennungen oder Ähnlichem kommen muss, damit wir feststellen, dass es Zeit ist, auch in anderen Bereichen genauer hinzuschauen. Deswegen helfe ich heute Menschen dabei, sich schon früher mit den wichtigen Fragen des Lebens zu beschäftigen, bevor sie in eine solche Situation kommen.

Eine meiner größten Lernprozesse war sicherlich mein umfassen-der Zusammenbruch, von dem ich euch bereits erzählt habe. In die-ser Zeit lernte ich sehr viel und konnte mir Wissen über Gesundheit, Schulmedizin und alternative Heilmethoden, Psychologie und Per-sönlichkeitsentwicklung aneignen. Dieses Wissen kann mir keiner nehmen, und auch wenn es vielleicht keine schöne Erfahrung an sich war, war es ein Meilenstein in meinem Leben, und im Nachhinein bin ich dafür sehr dankbar.

Die meisten Menschen wissen sehr viel. Lernen und Wissen hilft allerdings nichts, wenn man es nicht umsetzen kann. Ich rede da gerne vom Bauchladen an Ausbildungen und theoretischem Wis-sen, dennoch gilt es, wenn du ein wirklich erfülltes und erfolgreiches Leben führen möchtest, ist es nötig, dieses Wissen auch umzusetzen. Das bedeutet, wenn wir nicht ins Handeln kommen, wird keine Er-fahrung daraus werden, und ohne Erfahrung gibt es auch keine Ver-änderung.

Deswegen werden wir uns jetzt im zweiten Punkt nochmals um mein Motto kümmern **#ichmachdasjetzt**

Planen und Machen

Wenn du interessante Dinge gelernt und dir Wissen angeeignet hast, gilt es, zu entscheiden, was du mit diesem Wissen anfangen möchtest. Hast du ein persönliches Projekt oder ein berufliches Ziel, möchtest du die Kommunikation mit deinem Ehepartner verbessern oder einfach nur eine tolle Reise buchen? Vielleicht ist es dein Ziel, dein Business auf das nächste Level zu bringen, weil du festgestellt hast, dass du offline sehr gut bist, aber im Online Business noch nicht so Fuß gefasst hast?

In jedem Fall ist es Zeit, eine Planung zu machen. Ich persönlich bin zwar ein sehr spontaner Mensch, aber trotzdem geht es ohne Planung eben nicht. Es ist essenziell, dir strategische Gedanken zu deinem Ziel zu machen, um es zu erreichen. Klarheit darüber, wer du sein willst, wie du dich dabei fühlst und was du machen möchtest, ist die Basis, um wirklich ins Handeln zu kommen.

Das bedarf manchmal etwas Zeit, wenn es auch wiederum nicht zu viel Zeit sein sollte, sonst kommst du nicht ins Handeln. Aber ein bisschen Zeit dir einen Plan zu machen, wohin du möchtest und was die ersten Schritte sein sollen, darfst du dir auf jeden Fall nehmen. Sobald du einen ersten Plan hast, ist mein wichtigster Rat an dich: Fang einfach an und komm ins Machen. Es ist viel einfacher, Dinge im Anschluss zu verbessern, als unbedingt gleich perfekt starten zu wollen, denn es gibt kein "Perfekt".

Es gibt einen unglaublichen Energieschub, einfach ins Handeln zu kommen, mit den ersten kleinen Schritten. Das kann eine erste E-Mail sein, ein erstes Skript für einen Text, das lange fällige Gespräch mit dem Partner, der Kauf von Jogging Schuhen oder die Entscheidung, ab heute keinen Zucker mehr zu essen. Unterschätze niemals die Macht der harmlosen, banalen Entscheidungen und der kleinen Schritte, denn wie wir zuvor gehört haben, Gewohnheiten formen deinen Charakter und somit deinen Erfolg. Und alles beginnt mit dem ersten Schritt, und spätere Anpassungen sind immer möglich.

Ich selbst lebe mein Motto beruflich wie privat. Das wahrscheinlich beste Beispiel dafür war mein Weg in die Selbstständigkeit. Manchmal bedarf es auch etwas Mut, um ins Handeln zu kommen, ohne zu wissen, ob es klappt. Aber ich habe die Erfahrung gemacht, wenn du erst einmal aktiv bist, dann ergeben sich nächste Schritte von allein. Schritte, auf die, du nicht gekommen wärst, wenn du immer noch in der Planung feststecken würdest.

#ichmachdasjetzt heißt aber nicht, blind loszurennen, sondern es heißt, den Mut zu haben, das Wissen, das du bereits in dir hast, auch anzuwenden. Und somit sind wir schon bei Teil drei:

Dranbleiben und Weiterentwickeln

„Gib niemals auf - höchstens einen Brief". Dieser weitere Spruch von Heinz Ehrhardt passt hier sehr gut dazu.

Gratuliere, du bist ins Handeln gekommen, das ist doch schon genial. Du hast deinen ganzen Mut zusammengenommen und bist motiviert die ersten Schritte gegangen. Großartig! Und dann kommt dieser Moment, in dem du dich fragst: „Klappt das wirklich? Bin ich gut genug? Kann ich das wirklich schaffen?" Bei einer Diät ist das meist schon nach zwölf Tagen, beim Sport ein bisschen später und im Business kann es auch ein paar Monate dauern.

Es folgen Ausreden wie „Ich könnte das ja auch morgen noch machen. Naja, so wichtig ist es nicht, dass ich das genau jetzt mache. Ein kleines Stück Schokotorte hat noch keinem geschadet. Heute ist es viel zu kalt zum Joggen. Ich habe jetzt drei Absagen bekommen, ich mach mal eine Pause mit meinen Telefonaten. Ich hatte gar keine Likes auf meinem letzten Post, vielleicht kann ich das ja doch nicht und vielleicht ist Social Media einfach nichts für mich." Kennst du das vielleicht? Ich denke, du weißt, worauf ich hinaus möchte. Der Punkt, an dem die Anfangsmotivation langsam schwindet, an dem die ersten kleinen Misserfolge (aber vielleicht nur in unseren Augen) eintreten und an dem wir beginnen, unsere Entscheidung in Frage zu stellen. Erste Selbstzweifel tauchen auf. Gerade dann ist es wichtig, "Dran zu bleiben". Zum Erfolg gehört es, Durststrecken zu erleiden, auch einmal Zweifel und negative Erlebnisse zu haben und dennoch weiterzumachen, Schritt für Schritt. Fehler sind immer unsere Helfer, denn sie zeigen uns, wo wir noch etwas verbessern dürfen, und wie wir wieder etwas lernen können.

Schon schließt sich der Kreis. Wenn wir wirklich dranbleiben, werden wir uns auch weiterentwickeln. Wir werden immer wieder neue Wege zu finden, unser persönliches Wohl, das Wohl unserer

Lieben, das Wohl dieser Welt und auch das Wohl unseres Businesses wachsen zu lassen. Und was brauchen wir dafür?

Ideen zur Veränderung, Verbindung zu Menschen, neue Kontakte und den Mut, immer wieder neue Schritte zu gehen. Das bedeutet wieder zu lernen und Wissen anzusammeln.

Ich weiß, dazu gehört Beharrlichkeit und meine Kundinnen haben mir den Namen **„Popotreterin mit Herz"** gegeben. Weil ich nicht nur mir gegenüber, sondern auch in meinen Coachings sehr beharrlich bin. Mein Ziel ist es, dass meine Kundinnen zu ihrem Ziel kommen und zu einem Leben, voller Freude, Zufriedenheit und beruflicher, persönlicher, wie auch finanzieller Erfüllung. Dazu bin ich gerne etwas hartnäckiger, direkter und ehrlicher. Auch Klarheit hat noch keinem geschadet. Es ist an der Zeit, wenn ich Veränderung möchte, klar hinzuschauen und mit jemandem zusammenzuarbeiten, der wirklich den Erfolg für mich möchte.

Wie auch hier schon Heinz Ehrhardt sagte: *„Die schlechtesten Bücher sind es nicht, an denen die Würmer nagen. Die schlechtesten Nasen sind es nicht, die eine Brille tragen. Die schlechtesten Menschen sind es nicht, die dir die Wahrheit sagen."*

In diesem Sinne, freu dich auf deinen Erfolg und leg los
#ichmachdasjetzt!

Danksagungen: ja ich bin dankbar!

Du weißt inzwischen, dass es gut ist, die Dankbarkeit immer mit den Gefühlen verbinden, also mit dem Grund, warum du dankbar bist.

Ich bin dankbar:

- Lukas, für seine Liebe, Kreativität, Neugier, Energie und seine Klarheit
- Meinem Mann Christian und meiner Familie für die Liebe, die Unterstützung, den Glauben an mich und die Geduld auch in den turbulentesten Zeiten, an meiner Seite zu sein
- Meinen besten Freunden für ihr offenes Ohr, ihre Toleranz, wenn meine Ideen und Gedanken mal wieder in alle Richtungen gehen und ihr Zuhören, wenn ich mal down bin
- Den Teilnehmerinnen meiner Coachings und Gruppen für ihre Offenheit und ihr Vertrauen, ohne unsere gemeinsamen Erfahrungen wäre dieses Buch niemals möglich gewesen wesen
- Meinen Kolleginnen und Mentoren, die an meiner Seite stehen und mich in den verrücktesten Visionen unterstützen und sie damit ermöglichen
- Renate Schwarzmüller für die tollen Gespräche, Spaziergänge, Brainstorming Ping Pong Sessions und die großartige Idee und Umsetzung des Buch Covers
- Andrea Linscheid für ihren unglaublichen Mut, ihr Leben so richtig in die Hand zu nehmen, ihre Kreativität und die coolen Sketches in meinem Buch
- Christine Lederer für die unglaubliche Recherche, Umsetzung und effiziente Durchführung der kompletten Veröffentlichung

- Und ich danke der „one and only" Renate Kreis, die all ihre Kraft und Liebe zu Büchern mobilisiert hat und dieses Werk nicht nur verbessert, strukturiert und lektoriert hat, sondern ihm mit einer gehörigen Portion Eigeninitiative und Erfahrung den Feinschliff gegeben hat.

Die nächsten Schritte und Empfehlungen

Wow, ich muss sagen, ich bin sehr stolz auf dich, dass du dieses Buch gelesen hast. Das zeigt mir die unglaubliche Kraft der Umsetzung in dir. Du hast dir **#ichmachdasjetzt** so richtig auf die Fahne geschrieben und bist die ersten Schritte bereits gegangen. Vielleicht bist du sie noch nicht in den Taten gegangen, aber der Samen ist sicher schon gesät.

Jetzt geht es darum, dran zu bleiben. Vergiss das Konzept denken machen fühlen nicht. Du darfst dir nun erlauben, dein Wunschleben Schritt für Schritt in die Tat umzusetzen. Und ich freue mich sehr, dich dabei zu begleiten.

Was könnten sinnvolle nächste Schritte sein?

- Lass uns am besten mal kostenlos sprechen und schauen, was deine nächsten Schritte konkret sein könnten. Einfach anmelden und dann hören wir uns www.simonejanak.de/kostenloses-beratungsespraech
- Du kannst gerne mal ein paar Schritte „live" ausprobieren, indem du beim kostenlosen Mini Kurs mitmachst https://www.simonejanak.de/ichmachdasjetzt-kurs/
- Oder du schaust dir mal all meine Angebote an und entscheidest dann **https://www.simonejanak.de/ichmachdasjetzt/**

Bleib in Kontakt

Abonniere den Popotritt der Woche: **www.simonejanak.de** auf der Seite findest du auch genauere Details zu meinem Leben und meinem Wirken.

Youtube: https://www.youtube.com/c/SimoneJanak/
Facebook: www.facebook.com/simonejanakde
Instagram: www.instagram.com/simone.janak

Ich freue mich auf dich.

Deine Simone Janak

Haftungsausschluss und Datenschutz

Dieses Buch gibt Informationen und das Wissen von mir (Simone Janak) wieder. Es ist Zweck dieses Buches zu bilden. Die Herausgeberin übernimmt keinerlei Gewährleistung, dass die im Buch gezeigten Strategien bei jedem zum gleichen Erfolg führen.

Die Links, die im Buch enthalten sind, führen zu unterschiedlichen Seiten im Internet. Zum Zeitpunkt der Erstellung wurde dies sorgfältig recherchiert und zusammengestellt. Wir sind nicht für die Inhalte der verlinkten Seiten verantwortlich und machen uns auch nicht deren Inhalte zu eigen. Ausschließlich der Anbieter der verlinkten Seiten haftet für deren Inhalte.

Der Herausgeber haftet nicht gegenüber dem Käufer für Fehler und Schäden, die direkt oder indirekt durch dieses Buch verursacht oder angeblich verursacht wurden.

Copyright, Haftungsausschluss und Datenschutz

Alle Rechte sind vorbehalten.